에어비앤비 호스트 되는 법

4주 만에 준비하는 **N잡러 가이드 3**

에어비앤비 호스트
되는 법

조수현 지음

유아이북스

에어비앤비 창업, 알고 시작해야 유리합니다

저는 서울에서 에어비앤비, 파티룸, 단기임대 호스트로 일하고 있습니다.

2021년 에어비앤비 호스트로 창업한 이후 공간임대 사업장을 총 5개까지 늘렸고, 만 4년이 되어가는 지금은 단 한 곳의 폐업 없이 운영 중입니다. 그중 첫 번째 사업장은 운영 실적이 좋아, 호스트들 사이에서도 입에 오르내리는 공간이 되었습니다. 에어비앤비(외국인도시민박업) 사업자들 모임에서 "사장님은 어떻게 운영하시나요?", "한번 들러보고 싶다"는 말을 종종 듣곤 합니다.

코로나가 한창이던 2022년에도 공실이 없다시피 운영됐으니, 주변 사장님들 눈에는 뭔가 비법이 있는 것처럼 보였을 듯합니다. 200건에 가까운 계정 리뷰도 평점 4.9를 받을 만큼 좋았으니까요. 게스트와 마찰이 없는 마법 같은 공간들을 거느리고, 편하게 돈 버는 사람으로 보였다고 합니다.

그러나 사실은 결코 순조롭지 못했습니다. 숙소에 벌레가 나와서 새벽 1시에 게스트에게 근처 호텔을 잡아준 적도 있었습니다. 영문 없이 체크인 당일 짐을 싸서 나가버린 게스트도 있었죠. 아침에 건물 전체가 정전되어서 한바탕 클레임을 당한 적도 있습니다. 에어컨, 냉장고, 보일러, 세탁기 같은 설비는 여전히 돌아가면서 말썽입니다. 호스트한테 물건을 사오라고 시키는 등 진상 게스트도 있습니다. 확장 공사를 한 공간이 오픈하자마자 폭우에 천장 골조가 무너지기도 했습니다. 다친 사람은 없었지만 한 달치 예약을 사정사정하며 취소 처리했던 기억이 생생합니다.

이런 우여곡절을 겪었더니 공간의 내실을 다지게 되었습니다. 크고 작은 문제들을 해결해 나가면서 서비스는 점점 완성되어 갔습니다. 숙소가 다듬어지는 과정에서 저 역시 성장을 거듭했습니다. 이제는 웬만한 서비스업은 잘 해낼 수 있을 것 같다는 자신감이 생겼습니다. 어쩌면 이게 에어비앤비가 저에게 준 가장 큰 선물이 아닐까 생각합니다. 경험과 성장이라는 선물입니다.

어떤 일에 직업 철학이 생기면, 내가 하는 일이 고

객과 사회에 어떤 가치를 전달하는지 설명할 수 있게 됩니다. 직업 철학이 생긴 만큼 경험이 축적되어 문제 상황에서 올바른 의사결정을 빠르게 내릴 수도 있습니다.

저는 에어비앤비 호스트라는 분야에서 '철학'을 내세울 만큼 충분한 경험이 쌓였다고 생각합니다. 그리고 이제는 책을 써야겠다고 생각했습니다. 가장 감각과 기억이 생생할 때 경험을 나누어야, 읽는 분들에게도 좋은 영향을 끼칠 수 있다고 믿습니다.

이 책은 에어비앤비 운영을 꿈꾸는 예비 호스트 및 초보 호스트를 위해 쓰여졌습니다. 예비 호스트들에게는 실행 단계의 시행착오와 막연한 두려움을 줄여 드리고자 합니다. 먼저 일을 시작한 사람의 노하우를 접하고 뛰어드는 것과 0에서부터 시작하는 것은 천지 차이입니다. 이 책을 통해 단계별로 준비해야 할 것부터 필연적으로 마주할 문제들까지, 최대한 쉽게 차근차근 알려드리고자 했습니다.

이미 호스트로 일하고 계신 분들께는 숙소 운영에 도움이 될 만한 노하우를 전해 드리고자 합니다. 숙박업은 서비스업 중에서도 까다로운 업종에 속합니다. 예민한 고객을 20시간 또는 그 이상 케어하는 동안 무슨 일이 발생할지 모릅니다. 그러다 보니 많은 초보 호스트들이 심리적인 어려움을 겪습니다. 고객과 마찰을 빚고 상처받아 숙소를 닫기도 합니다. 이런 일들이 생기는 것을 막기 위해, 보다 즐겁고 유연하게 호스트 생활을 이어가실 수 있도록 운영 전략과 철학을 알려드리는 것이 이 책의 목적입니다.

시중에 있는 많은 강의들은 '에어비앤비 창업하는 법', 즉 행정적인 절차에 초점이 맞춰져 있습니다. 허가를 받는 과정이 번거로운 데다, 진입 단계에 많은 사람들이 몰리기 때문에 강의 수요도 많습니다. 이 책 역시 사업자 발급 절차 안내에 충분한 내용을 할애할 것입니다. 그렇지만 실질적인 숙소 구상 전략과 운영 노하우도 상세하게 소개하려고 합니다. 행정적인 절차를 거치는 것보다 숙소를 능숙하게 운영하는 것이 수입 면에서는 훨씬 중요하기 때문입니다.

그렇지만 기존 강의들처럼 '누구나 월 300만 원 벌기' 같은 미사여구는 쓰지 않으려고 합니다. 물론 에어비앤비는 수익화가 빠른 사업입니다. 그러나 일을 시작하기만 한다고 꾸준한 매출이 발생하지는 않습니다. 다른 창업과 마찬가지로 승자와 패자가 존재합니다.

80%의 매출을 상위 20%가 가져간다는 파레토의 법칙은 공유숙박업에도 유효합니다. 업황이 좋을 때는 숙소 예약이 늘지만, 예약이 뜸한 시기에는 상위 몇 개 숙소만 예약률이 높습니다. 업황의 부침과 무관하게 꾸준히 매출을 올리려면 적어도 상위 20%에 속해야 합니다. 이 책에는 상위 20%가 되기 위한 저만의 운영 노하우를 담았습니다.

에어비앤비는 N잡러에게 훌륭한 파이프라인이 될 수 있습니다. 그러나 서브 프로젝트 중 하나로 치부하기보다는 약간의 긴장감을 가지고 몰입해서 준비하는 쪽이 성공률이 높을 것입니다. 최선을 다하는 경쟁자는 늘 주위에 있기 때문입니다. 아무쪼록 시작 단계에서 이 책을 읽는 것만으로도 호스트로서 출발선이 달라지지 않을까 싶습니다. 성공보다는 최선을 기원합니다.

프롤로그

제1부 | 사업 이해하기

제2부 | 매물 선정, 사업자등록증 발급(1주 차)

제3부 | 인테리어(2~3주 차)

제4부 | 숙소 등록하기(4주 차)

제5부 | 운영하기(오픈 이후)

제 1 부

사업 이해하기

매력적인 사이드잡,
에어비앤비

에어비앤비는 사이드잡으로서 굉장한 매력이 있는 아이템입니다. 개업하자마자 1억 원은 족히 까먹고 시작하는 다른 오프라인 창업에 비해, 에어비앤비는 적은 예산으로도 시작할 수 있기 때문입니다. 자신의 집을 사업장으로 활용하거나, 새로 방을 계약해 사업장으로 이용하더라도 1년치 월세 정도만 리스크 금액으로 안고 가면 됩니다.

또한 장시간 일하지 않아도 되니 부업의 중요한 조건인 '적은 시간투자'도 충족합니다. 자본주의에서 상품이나 서비스를 빌려줘서 돈을 버는 '대여 시스템'은 소유자의 노동력을 많이 필요로 하지 않습니다. 잠을

자는 동안에도 내 숙소가 일을 대신해 주기 때문에, 호스트는 많은 시간적 자유를 얻습니다. 체크인이 있는 날(또는 체크인 전날) 하루 2시간 정도 청소만 하면 해야 할 일이 끝납니다. 장사가 안 되더라도 하루 종일 가게를 지키고 있을 필요가 없습니다. 이미 가지고 계신 본업을 오롯이 유지하면서, 자투리 시간을 활용해 도전하기에 안성맞춤인 비즈니스입니다.

게다가 사업자 조건만 갖춘다면 다른 어떤 사업보다 빠른 판매가 가능합니다. 에어비앤비 창업은 '매물 선정-인테리어-사업자등록(관광사업등록증 발급)-숙소 업로드-에어비앤비 측 검수(1~2일)-오픈' 순으로 이루어집니다. 오픈 이후에는 별다른 홍보 없이도 즉시 고객 응대가 이루어지기 때문에 수익화가 빠릅니다. 당근마켓에 물품을 등록하는 것과 큰 차이가 없습니다. 에어비앤비 창업이 4주 만에 가능한 이유입니다.

물론 다른 사업에 비해 준비 절차가 까다로운 편입니다. 2024년 10월부터 적합한 사업자가 없으면 플랫폼에 숙소를 등록조차 하지 못합니다. 숙박업 사업자는 그냥 영업신고만 한다고 발급되지 않습니다. 정부가 정한 사업자 발급 요건을 갖추어야 합니다. 적법성을 갖추는 데에만 상당한 노력이 필요합니다.

그런데 이런 규제 요건이 진입장벽을 만들어서, 오히려 업계를 블루오션으로 만들고 있습니다. 증가하는 여행 수요에 비해 에어비앤비 숙소는 충분히 늘지 못하고 있습니다. 공급이 수요를 뒤쫓지 못하는 업종은, 국가가 인원수를 통제하는 몇몇 전문직 말고는 에어비앤비가 손에 꼽힐 것입니다. 그만큼 발급 여건이 까다롭지만, 얻어볼 만한 가치가 있는 것이 에어비앤비 사업입니다. 이 부분은 앞으로 조금 더 설명해 드리겠습니다.

4주 창업을
목표로 잡은 이유

이 책의 목표는 '4주 만에 에어비앤비 호스트되기'입니다. 이미 호스트가 되신 분들이 보기엔 충분히 반론이 있을 만한 목표입니다. 4주 만에 창업이 가능하다고 해서, 모든 사람이 숙소를 빠르게 오픈할 수 있는 것은 아니기 때문입니다. 매물이 준비되어 있지 않은 상황에서는, 마음에 드는 공간을 찾는 데만 4주 이상이 소요될 수 있습니다. 허가 요건까지 갖춘 매물을 찾으려면 어느 정도 운도 따라야 합니다.

그럼에도 4주 오픈을 목표로 잡는 이유는, 최대한 기간을 타이트하게 잡아야 일을 완수하는 데 도움이 되기 때문입니다. 심리학에서는 이를 '마감효과'라고 부릅니다. 4개월 또는 1년 동안 준비해서 오픈하는 숙소와 4주 만에 오픈하는 숙소의 결과물이 크게 차이 나지 않을 확률이 높습니다. 오히려 기간을 길게 잡으면, 일을 미루면서 불안감만 키울 뿐입니다. 다소 불완전해 보이더라도, 우선 숙소를 열고 추후 보완해 나가는 편이 실행 단계의 부담을 줄일 수 있습니다. 첫 손님을 받고 나면 두려움이 사라집니다.

'4주 창업'을 마음속 목표로 잡되, 일이 지연된다고 해서 조급함을 느끼실 필요는 없습니다. 매물 계약이 흐트러지는 등 변수는 끝없이 찾아옵니다. 몇 주 일찍 오픈한다고 해서 사업 성공률이 높아지는 것도 아닙니다. 그렇지만 한번 해보겠다고 마음먹었다면 굳이 다음 시기로 미룰 필요는 없습니다. 타이트하게 준비하되, 조바심은 버리시는 게 좋습니다.

이 책을 읽으면 얻는 것 :
생산자의 프레임

현재 실행할 여건이 안 되시더라도, 이 책을 통해 에어
비앤비 창업에 관한 개괄적인 지식을 습득하신다면, 언
젠가 반드시 도움이 될 것이라고 믿습니다. 제가 에어
비앤비를 처음 알게 된 때는 2017년 즈음이었습니다.
사회 초년생으로서 '세상에 어떤 부업이 있나?' 하는
단순한 호기심으로 오프라인 세미나에 참여했습니다.
그때 심어둔 '에어비앤비'라는 씨앗이 발화한 것은 4년
뒤였습니다. 제가 전세로 살고 있던 주택을 숙소로 운
영하면 잘될 것 같다는 직감이 들었습니다. 만약 제가
그때 에어비앤비 세미나에 참여하지 않았다면 숙박업
은 전혀 생각지도 못했을 것입니다.

숙박업 창업에 관한 지식을 접한 다음에는 여행을 가든 이사를 다니든 뉴스를 보든 서비스 공급자의 프레임을 가지게 됩니다. 이 호텔은 어떤 식으로 체크인하는지, 이 동네는 여행지로서 어떤지, 이 숙소는 어떤 물품을 제공하는지, 여행 중 어떤 경험이 좋고 나빴는지, 창업 업계에 어떤 이슈가 있는지 등을 눈여겨보게 됩니다. 크리스마스를 돈을 쓰는 날로 생각했다면, 이제부터는 돈을 버는 날로 여기게 됩니다.

이전에는 단순히 여행자로 세상을 돌아다녔다면, 여행 또는 기타 서비스를 제공하는 쪽에도 자연히 관심을 가지게 되는 것입니다. 이런 식으로 간접경험을 쌓다 보면, 자연스럽게 생산자의 포지션에 서 있게 됩니다. 어떤 일에 대한 작은 관심을 가지기 시작하는 단계에서 책을 통해 배경지식을 미리 습득해 놓는 것이 좋은 이유입니다. 단 한 번이라도 에어비앤비라는 키워드에 관심이 생겼다면, 이 책이 어떤 방식으로든 도움이 될 것이라고 생각합니다. 이 책을 통해 '에어비앤비 호스트'로, 나아가 서비스 생산자로 세상을 보는 프레임을 하나 챙겨 가시길 바랍니다.

기억을 만들어주는
비즈니스

에어비앤비는 기억을 만들어주는 비즈니스입니다. 누군가에게 삶에서 행복했던 순간을 물으면 많은 사람들이 여행을 떠올립니다. 소중한 사람과 낯선 도시에서 부대끼며 머무는 경험은 강렬합니다. 그 여행 경험 중 절반 이상은 숙소에서 보내는 시간으로 채워집니다. 첫 해외여행, 수년 만에 함께한 가족여행, 마음이 맞는 누군가와 단둘이 떠나는 여행 등 모든 여정의 처음과 끝에는 숙소가 있습니다. 그 숙소에서의 경험은 아주 오랫동안 기억될 것입니다.

그리고 그 숙소가 소중한 여행을 담아내기에 더할 나위 없이 좋다면, 여행객은 호스트에게 진심으로 감사하는 마음을 품게 됩니다. 나의 소중한 여행을 행복하게 만들어주어서 고맙다는 마음입니다.

반대로 숙소가 기대치에 못 미치거나, 호스트와의 마찰로 불편한 말이 오간다면 그것은 단순한 클레임으로 그치지 않습니다. 손님에게는 여행 전체가 안 좋은 기억으로 물들 가능성이 높습니다. 앞서 말했듯 숙소는 여행의 절반, 시작과 끝을 차지하기 때문입니다. 안 좋은 숙소 때문에 동행과 싸우거나, 동행에게 미안한 마음이 들 수도 있습니다.

이런 부정적인 감정은 오롯이 리뷰에 반영됩니다. 에어비앤비 리뷰를 읽다 보면 '이 정도까지 숙박 경험이 안 좋았나' 싶을 정도로 악의에 찬 리뷰를 종종 발견할 수 있습니다. 단순히 숙박 소감을 남기는 것이 아니라 중요한 여행을 망쳤다는 원망이 담긴 것입니다.

음식점으로 비유하자면 혼자 대충 때우는 한 끼가 맛없으면 그러려니 하고 넘어가겠지만, 평생에 한 번 있는 상견례 자리나 기념일에 예약한 식당이 별로면 더욱 치명적으로 느껴지는 것과 같습니다.

에어비앤비 숙소에서 나쁜 기억이 만들어지면 게스트에게 선입견을 심어주기도 합니다. 숙소가 별로

였을 뿐인데 '다시는 에어비앤비를 이용하지 않겠다.', '이 도시는 나랑 안 맞는다'고 손님은 단정 짓습니다. 외국인 손님이라면 '한국 사람은 불친절하다'라는 인상까지 심어줄 수 있습니다. 외국인 여행객은 한국 사람들과 대화할 기회가 많지 않습니다. 호스트와의 대화가 어쩌면 여행 중 현지인과 나누는 대화의 전부가 되기도 합니다. 그 대화가 불쾌하다면 한국인에 대한 인상이 잘못 자리 잡을 수도 있습니다. 낮은 퀄리티의 호스팅을 제공하면 내 숙소의 평판뿐만 아니라, 내가 속한 공동체 및 다른 에어비앤비 숙소에까지 나쁜 영향을 끼치게 되는 것입니다.

에어비앤비 비즈니스의 중심에 리뷰가 있는 이유가 여기에 있습니다. 리뷰는 게스트가 모든 리스크를 사전에 판단할 수 있는 유일한 지표입니다. 리뷰가 곧 마케팅이고, 숙소의 지속가능성이며, 사업의 성패를 가르는 마스터키입니다. 리뷰에 관한 설명은 뒤에서 다시 하겠습니다.

그러므로 호스트는 손님 한 명 한 명에게 정성을 다해야 합니다. 호스트가 손님을 섬세하게 대한다면, 손님도 배려받는 기분을 느낍니다. 그 기분은 숙소에 대한 경험과 엮여서 평생 기억에 남을 것입니다.

내가 제공한 서비스나 숙소가 누군가의 기억에 평생 남는다면, 그것은 매우 벅차고 의미 있는 일일 것입니다. 이 의미를 깨달아야 호스트 생활을 오랫동안 이어 나갈 수 있습니다.

그리고 이 의미를 깨달으면 곧 매출도 오르게 됩니다. 사람들은 단 한 번 소중한 기억을 만들기 위해 돈을 웬만큼 아끼지 않습니다. 어떤 숙소가 누군가의 여행을 돋보이게 할 만큼 좋은 퀄리티를 유지하고 있다면, 그 숙소 예약을 주저할 게스트는 많지 않을 것입니다.

이처럼 내가 전할 수 있는 가치의 본질이 무엇인지 먼저 정의하는 작업은 매출을 위해서도 중요합니다. 돈은 가치에 자연스럽게 뒤따라오기 때문입니다. 다른 사업을 하실 때에도 '내가 얼마를 벌 수 있을지'보다 '내가 무엇을 전할 수 있는지'를 먼저 생각해 보시기 바랍니다.

에어비앤비의
기능적 가치

'기억을 만들어주는 비즈니스'라는 관점은 사실 에어비앤비뿐만 아니라 다른 숙박업이나 서비스업에도 적용될 수 있습니다. 음식점, 사진관, 예식장 등이 성공하는 방식도 동일합니다. 그렇다면 에어비앤비가 대체 불가능한 서비스로서 사회에서 어떤 역할을 하는지 살펴보겠습니다.

2023년 기준 한국 에어비앤비 총거래액은 1.1조 원(서울시 에어비앤비 시장 분석, 야놀자리서치, 2023.)을 돌파했습니다. 2024년은 약 1.5조 원(국내 숙박 트렌드 : 인사이트 Vol.15, 야놀자리서치, 2024.)일 것으로 추정됩니다. 한국을 찾는 해외여행객이 느끼는 만큼 에어비앤비 수요도 동시에 커지고 있습니다. 국내 전체 숙박업에서 에어비앤비가 차지하는 비중은 약 20%입니다. 여행객 5명 중 1명은 에어비앤비를 통해 숙소를 이용하고 있는 것입니다. 전국 각지에 있는 수많은 호텔, 모텔, 여관을 놔두고 왜 여행객은 에어비앤비를 찾는 걸까요?

에어비앤비의 가치는 '살아 보는 경험'을 제공하는 데 있습니다. 내가 전혀 모르는 동네에서, 살고 싶었던 집에서 며칠간 살아 보는 경험, 누군가의 집을 짧은 기간 빌려서 오롯이 그 동네의 인프라를 누려 보는 경험, 이러한 경험 속에서 남기는 추억은 어떤 방식으로든 대체 불가능합니다.

호텔, 모텔은 '집'이 아닌 '업장'에 가깝습니다. 상업시설이기 때문에 주거지역에는 아예 들어설 수 없습니다. 공실률을 줄이기 위해 유명 관광지나 유동인구가 많은 지역에만 설립됩니다. 작은 동네 또는 현지인들이 주로 거주하는 지역 한가운데에서는 호텔을 찾기가 힘듭니다.

호텔은 서비스 수준만 다를 뿐 대체로 구조가 비슷합니다. 어떤 도시의 호텔에 가더라도 침대, TV, 화장실이 딸린 방 한 칸에 머물게 됩니다. 유명 프랜차이즈 호텔은 전 세계에서 균일한 서비스를 제공하기도 합니다. 예측 가능한 서비스와 퀄리티가 호텔이 제공하는 가치입니다.

에어비앤비는 본질적으로 '집'의 속성을 띕니다. 지역 현지인들이 주로 거주하는 주택이나 빌라, 아파트 등에 손님이 머물게 됩니다. 이런 주거 형태는 여행객의 시선으로는 굉장히 새롭습니다. 바닥의 재질, 외관, 지붕, 신발을 벗는 현관 같은 기본 구조부터 이색적으로 느껴집니다. 몇몇 외국인들은 한국 드라마에서 보던 집을 직접 경험하는 것만으로 크게 만족합니다.

위치 제약도 없습니다. 여행을 하다 보면 '이런 곳에 관광객이 올까' 싶은 곳에도 에어비앤비 숙소가 있고, 버젓이 운영됩니다. 큰 규모의 숙박시설이 들어서기에는 전혀 수익성이 없는 곳이라도 에어비앤비 숙소는 운영될 수 있습니다. 하루에 10명만 찾는 관광지에도 숙박시설은 필요하기 때문입니다. 그런 지역에서 숙박하는 경험은 분명히 특별한 가치를 지닙니다. 호텔이 관광지라면, 에어비앤비는 로컬(Local)에 가깝습니다.

'집'은 호텔에 비해 편의성도 좋습니다. 주방과 세

탁 시설을 갖추었기 때문입니다. 생활형 숙박시설이나 레지던스는 주방 및 세탁 시설을 제공하긴 하지만 대부분의 호텔은 그렇지 못합니다. 1주일 이상 길게 여행한다면 에어비앤비를 자연스럽게 선호하게 되는 이유가 여기에 있습니다. 집이 주는 편안함은 사람이 살도록 갖춰진 설비에서 나옵니다.

좋은 에어비앤비 숙소는 그 자체로 하나의 여행지가 됩니다. 이 세상에 동일한 에어비앤비 숙소는 없습니다. 모든 집이 각각의 특색을 가집니다. 호스트의 감각과 인품이 그대로 서비스에 스며들기 때문입니다. 그 집에서 방문객들은 편안함, 애착, 지역 주민과의 동질성을 느끼게 됩니다.

저는 에어비앤비가 결코 소멸하지 않을 비즈니스라고 생각합니다. 앞서 열거한 가치들은 여행의 본질에 가깝습니다. 익숙함이 아닌 '다름'을 경험하는 것입니다. 에어비앤비의 슬로건은 '여행은 살아 보는 거야'입니다. 저는 이 슬로건이 에어비앤비의 핵심을 꿰뚫고 있다고 생각합니다.

에어비앤비 호스트 역시 사라지지 않을 직업입니다. 물론 '에어비앤비'라는 플랫폼은 바뀔 수도 있습니다. 하지만 집을 여행객에게 빌려주는 서비스는 인류가 여행을 멈출 때까지 어떤 식으로든 지속될 것입니다.

지금까지 에어비앤비의 가치를 설명한 이유는, 여러분들에게 에어비앤비 창업에 대한 동기부여를 드리기 위함이었습니다. 에어비앤비 숙박업이 멋진 일이라는 생각이 들어야 창업의 어려운 고비들을 잘 넘길 수 있습니다. 이제 실질적인 오픈 절차를 배워 보겠습니다.

제 2 부

매물 선정, 사업자등록증 발급(1주 차)

어떤 사업자등록증을
발급받아야 할까?

사업자등록증 취득은 에어비앤비 창업에서 가장 까다로운 단계입니다. 허가에 필요한 서류가 많기 때문입니다. 시작 단계에서의 허들은 신규 사업장의 난립을 막는 장치가 되기도 합니다. 따라서 조건에 맞게 사업자등록증을 발급받는다면, 꽤 시장 가치가 있는 라이센스를 획득한 것과 다름없습니다. 매물을 양도할 때 사업자등록증만으로도 권리금을 최소 1천만 원 정도 받을 수 있다고 봅니다. 사업자등록증 자체만으로 권리금을 챙길 수 있다는 말은, 그만큼 얻기 쉽지 않다는 뜻입니다. 에어비앤비 사업자등록증 취득에는, 1천만 원을 버는 정도의 노력이 필요하다는 마음가짐으로 시작해야 합니다. 이미 사업자등록증을 가지고 계시다면 제2부는 건너뛰어도 좋습니다.

합법적으로 에어비앤비 창업을 하기 위해서는 '외국인관광 도시민박업, 한옥체험업, 농어촌민박업' 중 1개를 갖고 있어야 합니다. 물론 이외에도 숙박업에 속한 업종은 많습니다. 호텔업, 여관업, 휴양 콘도 운영업 등도 있습니다. 그러나 이런 규모의 숙박사업은 대개 큰 자본을 요구하며, 일반적으로 생각하는 에어비앤비 창업의 범위를 벗어나기 때문에 이 책에서는 다루지 않겠습니다.

앞서 언급한 3가지 사업자등록증 업종 중에서 에어비앤비를 영업하기 위해 취득해야 하는 대표 업종은 '외국인관광 도시민박업(외도민)'입니다. '한옥체험업', '농어촌민박업'은 특수한 조건(규격에 맞는 한옥 또는 농어촌 거주)에서만 발급되기 때문에, 보편적으로 취득하기는 쉽지 않습니다. 이 두 사업자등록증을 발급받을 수 있다면, 이를 바탕으로 일을 시작하시는 것이 수월할 것입니다. 농어촌민박업을 하기 위해 농촌 또는 변두리 지방에 주택을 구입하는 것도 방법입니다.

한옥체험업은 대상 한옥이 국토부가 고시한 '한옥

건축 기준'에 맞는지가 중요합니다. 목재가 차지하는 비중, 처마 깊이, 외벽면의 형태 등 한옥을 따지는 규격이 까다로운 편입니다. 단순히 건축물대장만 보고 한옥인 줄 알고 계약했다가 규격에 맞지 않아 한옥체험업 허가를 못 받을 수도 있습니다. 그러니 계약 전에 허가 담당 공무원에게 매물을 미리 검토해 달라고 요청해 보는 것이 좋습니다.

뒤에서 자세히 설명하겠지만 외도민 사업자등록증은 주택 형태에 관한 조건이 얼핏 보면 넓어 보이기 때문에 많은 분들이 취득을 시도합니다. 실제로 대다수 에어비앤비 호스트는 외도민 사업자등록증을 발급받고 영업하고 있습니다.

매물을 결정하는
두 조건

외국인관광 도시민박업(외도민) 사업자는 영업 대상이
되는 집(세대)당 최대 1개씩 발급됩니다. 즉 에어비앤
비 숙소 1개당 1개의 사업자등록증을 갖게 됩니다. 모
든 주택에 사업자등록증이 나오지는 않습니다. 허가가
나오는 조건을 갖추어야 합니다. 그러나 허가가 나올
것 같다고 생각해서 무작정 사업자등록증을 발급받아
서는 안 됩니다. 내가 고른 매물의 시장성을 살펴야 합
니다. 즉, 에어비앤비 매물을 결정할 때는 아래 두 조건
의 교집합을 찾아야 합니다.

허가 요건을 갖추었다.

시장성이 있다.

허가 요건을 갖추었더라도 시장성이 없으면 함부로 계약을 해서는 안 됩니다. 반대로 시장성을 갖춘 매물이더라도 허가를 받기 어렵다면 무용지물입니다. 제2부에서는 두 항목(허가 요건, 매물의 시장성)을 살피겠습니다.

외국인관광 도시민박업 허가 요건(출처 : 서울시 관광과 누리집)

구분	조건	증빙 방법	허가 주체	비고
1	건축법에 따른 단독주택, 다가구 주택, 아파트, 연립주택 또는 다세대 주택 중 하나에 해당될 것-오피스텔, 원룸, 근린생활시설 등 지정 불가	주민 동의서	자치구 (지자체) 관광과	*위반 건축물 여부 확인 필요 *지자체별 노후건축물(30년) 조건 확인 필요
2	주택의 연면적이 230제곱미터 미만으로 신청인이 실제 거주하고 있을 것	임대차계약서, 건축물대장, 집주인 동의서(임차인일 경우)		
3	신청인 또는 거주 세대원이 외국어 서비스가 가능할 것	현장 실사		
4	소화기를 1개 이상 구비하고, 객실마다 단독경보형 감지기를 설치할 것	현장 실사		
5	외국인이 한국 가정문화를 체험할 수 있는 위생상태를 갖출 것 등	현장 실사		

허가에 필요한 요건은 총 5가지입니다. 3, 4, 5 요건은 까다롭지는 않습니다.

'3. 외국어 서비스' 요건은 공무원 실사 시에 간단한 영어 인터뷰를 하거나 영어 사용 수준을 묻는 것으로 끝납니다. 영어를 아예 못 하더라도 에어비앤비 어플의 자동번역이나 파파고(네이버 번역 앱) 등을 이용하면 충분히 외국인과 소통할 수 있습니다. 게스트가 외국어를 할 줄 몰라서 호스트와 소통 가능한 언어가 전혀 없더라도, 에어비앤비 어플의 다국어 번역 기능을 이용하면 순조로운 체크인이 가능합니다.

'4. 소화기 및 단독경보형 감지기'는 설치하면 그만입니다. 일산화탄소 경보기와 소화기를 비치하라는 뜻인데, 오픈마켓에서 쉽게 구매 가능합니다.

'5. 한국 가정문화를 체험할 수 있는 위생상태' 역시 숙소로서 기본적인 조건을 갖추었다면 문제가 되지 않습니다.

그렇다면 신경 써야 할 것은 1, 2 요건입니다. 이들 요건에 대해 살펴보겠습니다.

어떤 매물이
허가받기 쉬울까?

건축법에 따른 단독주택, 다가구 주택, 아파트, 연립주택
또는 다세대 주택 중 하나에 해당될 것
–오피스텔, 원룸, 근린생활시설 등 지정 불가

원룸, 오피스텔은 허가가 나지 않는다고 못 박았으
니, 합법적으로 허가를 받을 수는 없습니다.

반면에 아파트, 빌라, 단독(연립)주택은 허가를 받
을 수 있습니다. 그러나 허가 단계에서 필요한 중요한
서류가 있습니다. 입주자 또는 관리사무소의 '주민 동
의서'를 받아야 합니다. 주민 동의서에 서명을 해야 하
는 범위는 자치구(지자체)마다 다르게 규정하고 있습

니다. 인접한(양옆, 위아래) 세대만 받아오라고 할 수도 있고, 거주하는 해당 층이나 동 전체 세대의 동의서를 요청할 수도 있습니다. 관할 지역 관광과 담당 공무원에게 물어보면 확인 가능합니다.

이 단계에서 아파트는 사실상 불가능한 선택지가 됩니다. 대개 해당 세대의 동의서와 더불어 관리소장 또는 관리사무소의 직인까지 받아야 하기 때문입니다. 대다수의 아파트는 관리규약상 숙박 목적으로 집을 사용하는 것을 허가하지 않습니다. 설령 그런 내규가 없더라도, 주민 또는 관리주체의 과반수(또는 만장일치) 동의를 이끌어내는 것은 쉽지 않을 것입니다.

그렇다면 현실적으로 허가받기 쉬운 매물은 단독주택 또는 세대수가 적은(인접 세대가 적고 관리실도 따로 없는) 빌라입니다. 서울에서 운영 중인 대부분의 외도민 숙소가 빌라 또는 단독주택인 이유입니다. 단독주택은 인접한 세대가 없으므로 주민 동의서가 필요하지 않습니다. 따라서 허가를 쉽게 받기 위해서는 단독주택 매물을 찾는 것이 좋습니다. 인접한 세대가 없으니 혹시나 발생할 민원 이슈도 잠재울 수 있습니다.

허가를 위한
주민 동의서 받는 요령

단독주택이 아니라 빌라에서 영업한다면 주민 동의서를 얻어내야 하는데, 주민 동의서를 얻는 데 왕도는 없습니다. 아무리 잘 준비해서 얘기해도 단칼에 거절하면 끝입니다. 하지만 의외로 협조적인 주민도 분명 있을 것입니다. 그러니 우리는 최대한 동의서를 받아내도록 전략을 짜야 할 것입니다. 제가 생각하는 한 가지 방식을 제안해 봅니다.

먼저 지자체에 연락하여 동의서를 받아야 하는 대상자들을 확인합니다. 그리고 동의서의 내용을 글로 작성해 보시기 바랍니다. 이웃 주민과 대면하기 전에, 서면으로 먼저 동의서의 내용을 전달하는 편이 낫습니다.

동의하는 쪽도 생각할 시간이 필요하기 때문입니다. 다짜고짜 대면해서 부탁하면 거절할 수 있습니다.

문체부 관리지침에 따르면, 별다른 양식은 없습니다. "○○호 세대주 ○○○는(은) ○○호의 외국인관광 도시민박업 영업에 동의합니다"라는 간단한 문장에 사인만 받아도 형식은 갖추는 셈입니다. 그러나 지자체별로 별도 동의서 양식을 배포하는 곳도 있습니다. 이 경우, 직접 작성한 동의서 페이지를 지자체 양식과 함께 전달하시기 바랍니다.

우선 동의서의 초입에는 적극적인 영업을 하지 않을 것이라는 내용을 써 주시면 좋습니다. "전문적으로 오래 영업하지 않고, 소규모 여행객을 대상으로 게스트룸을 연다"는 식으로 사업 내용을 좁혀서, 옆 세대의 불안을 잠재웁니다. 실제 영업 시에도 1~2인 손님만 받아서 아예 소음에 따른 문제를 일으키지 않는 편이 좋습니다. 다음은 동의서 문구 예시입니다.

안녕하세요. ○○○호 집주인(세입자)입니다. 지금 살고 있는 집에 방 하나가 남아서, 남은 계약 기간(~20○○년 ○○월) 동안 1~2인 게스트룸으로 활용하고자 합니다. 안

전 문제를 최소화하고자 구청에 신고를 해서 지자체 관리 하에 운영하고자 합니다. 담당 공무원의 의견에 따르면 사업자등록 과정에서 이웃한 세대의 동의서를 필요로 하여, ○○○세대주님의 동의를 얻고자 합니다. 바쁘시겠지만 다음 내용을 검토해 주시면 정말 감사하겠습니다.

이어지는 내용은 자유롭게 쓰시되, 주민들에게 전혀 피해 주지 않을 거라는 확신을 심어주기 위해 다음의 3가지 내용을 동의서에 추가하는 것이 좋습니다.

1) · 소음 문제 : 주로 방문하는 손님이 1인(최대 2인)이기 때문에 소음 발생이 크지 않을 것입니다.
· 쓰레기 문제 : 숙소 내에서 쓰레기를 버리고 가는 것을 원칙으로 할 것이며, 모든 쓰레기를 호스트가 직접 정리할 예정입니다.
· 주차 문제 : 손님에게 주차 불가 안내를 할 것입니다.

2) 만약 소음 피해가 발생할 경우 1박 숙박비(약 10만 원)에 상당하는 금전적 보상을 이웃 주민에게 보상할 것을 약속하며, 2차 발생 시에는 원인이 해결될 때까지 무기

한 영업 중단까지 하겠습니다.

3) 또한 건물 공용부(1층 입구 및 세대 층 복도)를 직접 청
소할 예정입니다.

이처럼 숙소를 운영해도 주민들에게 직접적인 피
해를 주지 않겠다는 확신을 심어줄 필요가 있습니다.
1) 항목은 이를 명문화한 것입니다. 만약 피해가 발생
할 경우 금전적인 보상을 하겠다는 2) 항목까지 포함하
면 고려하는 쪽에서는 더욱 안심합니다.

실제로 이슈가 발생하더라도 1박 숙박비 정도 보
상해 주는 것은, 운영 수익에 비하면 큰 지출은 아닙니
다. 사실 숙박비가 지나치게 싸지만 않으면 게스트로
인해 문제가 발생할 확률은 희박합니다. 소음은 최대
인원을 2인으로 설정해 두고, 추가 인원 출입을 막는다
면 발생 확률이 현저히 떨어집니다. 일반적으로 3인 이
상부터 사람들의 목소리가 커집니다.

3) 항목을 잘 쓰면 성공 확률을 더욱더 높일 수 있
습니다. 호스트가 직접 빌라 공용부를 청소한다는 등
최소한의 이점을 제시하면, 동의서는 부탁이 아닌 제안

의 성격을 띠게 됩니다. 부탁은 일방향적인 요청이지만, 제안은 서로 가치를 교환하는 것입니다. "당신이 동의서에 사인해 주면, 이런 이점을 얻을 수 있어"라는 걸말해 주는 식입니다.

동의서를 받는 대상이 세입자가 아니라 소유주라면, 외국인관광 도시민박업 사업장으로 성공하는 세대의 사례가 나올 경우 건물 자체의 가치가 높아질 수 있다는 점도 고려할 만합니다. 이런 제안 방식은 뒤에서 소개할 집주인 동의서를 받는 데에도 동일하게 적용됩니다.

동의서에서 다짐한 내용을 실제로 이행하는 것도 중요합니다. 이웃 주민들에게 피해를 입히는 영업장은 지속되기 어렵습니다.

주민 동의서는 집주인 동의서에 비해 받기가 더 까다로운 것이 사실입니다. 받아야 하는 범위가 지자체별로 제각각이고, 이웃 주민 수가 많을수록 불확실성이 커지기 때문입니다. 따라서 아예 이웃 동의가 필요 없는 단독주택에서 터를 잡거나, 세대 수가 현저히 적은 (1층에 1~2가구 거주) 건물에서 사업자등록증을 발급받는 것이 좋습니다. 이웃이 거의 입주하지 않은 신축

건물을 노려보는 것도 좋은 방법입니다.

　　주민 동의가 가능한지 집 계약 전에 확인하는 방법
도 있습니다. 매물로 봐두었던 집의 옆집 초인종을 눌
러서 사정을 설명해 보는 식입니다. 협조적이지 않으면
그 집을 계약하지 않으면 됩니다.

연면적 제한과
실거주 요건 확인하기

앞에서 외국인관광 도시민박업 허가 요건 중 '2) 주택의 연면적이 230제곱미터 미만으로 신청인이 실제 거주하고 있을 것'이라는 항목에 신경 써야 한다고 말씀드렸습니다.

이 허가 요건에서는 두 가지 조건을 충족해야 합니다. 첫째, 연면적 조건입니다. 연면적은 건물 각층의 바닥 면적을 합한 전체 면적입니다. 연면적 230제곱미터는 약 69평으로, 33평 아파트의 두 배 넓이라고 보시면 되겠습니다. 단층 주택이면 이 조건을 초과할 가능성이 적습니다. 그런데 2층 이상이거나 지하층 또는 별채가 있는 주택이라면 세심하게 계산해 보셔야 합니다. 영업장으로 사용할 공간뿐 아니라 건축물 전체의 연면적을 더한 값이 230제곱미터 미만이어야 하기 때문입니다. 농어촌민박업의 면적 조건 또한 외도민과 동일합니다.

건축물의 연면적 외에 추가로 살펴야 할 요소가 있습니다. 위반건축물 및 노후건축물 여부입니다. 위반건축물 여부는 건축물대장 표제부 우측 상단에 표기되어 있습니다. 위반건축물로 표기되어 있지 않더라도 불법 증축(테라스 확장, 옥탑방, 가건물 설치 등) 또는 개조 흔적이 보이면 실사 단계에서 허가받지 못할 수도 있습니다. 노후건축물 조건은 2024년 상반기 문체부 인허가 지침에 권고된 바 있는데 지자체마다 적용 여부가 다릅니다. 이 조건에 따르면 지어진 지 30년이 지난 건축물에는 허가가 나오지 않습니다. 해당 지자체에 이 조건이 적용되는지 먼저 문의해 보는 것이 좋습니다.

둘째, '신청인이 실제 거주하고 있을 것', 즉 실거주 조건입니다. 사업을 신청하는 사람이 해당 세대의 세대주 또는 세대원으로 전입되어 있어야 합니다. 외도민 사업자등록증이 1명당 1개밖에 나오지 않는 이유가 여기에 있습니다. 한 명이 전입할 수 있는 집은 한 곳뿐입니다.

실거주 조건을 확인하기 위해 실사 단계에서 해당 지자체 공무원이 호스트(실거주자)의 방을 확인합니다. 여기서 원룸 또는 오피스텔이 원칙적으로 불가능한 이유가 발생합니다. 게스트가 사용하는 방과 호스트가 사용하는 방이 각각 있으려면, 최소 투룸 이상이어야 하기 때문입니다.

숙박업소인데 왜 호스트가 그 집에 살고 있어야 하는지 의문이 들 수 있습니다. 이는 외국인관광 도시민박업이 본질적으로 '민박'에 속하기 때문입니다. 민박은 주인이 살고 있는 집의 일부를 여행객에게 내어주는 숙박 형태입니다. 따라서 '주인이 살고 있는 집'이어야 사업자등록증을 발급해 주는 것입니다.

실제 영업 시에는 호스트가 사용하는 방을 잠가 두고 게스트가 집 전체를 사용하도록 하면 됩니다. 추가 실사는 웬만하면 하지 않기 때문에 호스트 방을 게스트에게 열어주어도 문제될 확률은 낮습니다. 또는 호스트 방에 숙소 비품을 보관하거나, 제습기를 설치해 빨래를 말릴 수 있습니다.

이처럼 내가 전입되어 있는 집을 게스트에게 내어주어야 하기 때문에, 나 자신이 거주할 공간이 한 곳 더 필요하긴 합니다. 저는 서울에 가족이 사는 집이 있어서 거주지에 대한 문제는 없었지만, 혼자 지내신다면 주거용 공간을 하나 더 마련해야 할 수도 있습니다.

그런데 영업장으로 사용하는 집에 실제로 살고 있더라도, 내가 집의 소유자가 아니라 임차인일 경우에는 한 가지 증빙서류를 더 준비해야 합니다. 바로 '집주인 동의서'입니다. 임대인이 임차인의 에어비앤비 운영에 동의한다는 서류입니다.

허가를 위한
집주인 동의서 받는 요령

사업을 신청하는 주체가 임차인이면 그 사업장(집)의
주인인 임대인이 영업에 동의한다는 서류를 추가로 받
아야 합니다. 집주인 동의서를 요청하지 않는 지자체도
있지만, 그렇다고 하더라도 집주인의 동의 없이 영업을
하면 나중에 법적인 문제가 발생하거나 임대차계약을
해지당해서 잘나가던 사업장을 하루아침에 문 닫을 수
도 있습니다.

　　그렇다면 어떻게 집주인 동의를 받아야 할까요?
임차인이 에어비앤비 호스트일 경우, 임대인에게 어떤
혜택이 있는지 자세하게 짚어줘야 합니다. 부탁이 아닌
제안을 하는 겁니다. 제가 집주인을 설득했던 방식을

예로 들어 설명해 보겠습니다.

저는 단독주택의 전세 임차인이었고, 제 집에서 부업으로 에어비앤비 숙박업을 시작하고 싶었습니다. 당장 집주인 동의서만 받으면 일을 시작해 볼 수 있는 상황이었습니다. 1년 사는 동안 집주인과는 딱히 교류하지 않았습니다. 집주인 부부는 50대였고, 계약 단계에서 세입자의 직업을 물어볼 정도로 꼼꼼한 분들이었습니다. 저는 이분들을 설득하기 위해 다음과 같은 제안서를 준비해서 문자로 발송했습니다.

안녕하세요. ○○동 세입자입니다. 제안드릴 말씀이 있어서 연락드렸습니다.

제가 요새 에어비앤비에 관심이 있는데, ○○동 집도 사장님의 동의만 있으면 합법적으로 운영이 가능하더라구요(외국인관광 도시민박업). 부업으로 조금씩 제 수입에 보태되, 사장님께도 혜택이 될 만한 점들이 있어 먼저 설명드리고자 합니다.

1. 우선 집 컨디션을 최상의 상태로 유지할 수 있습니다. 손님을 받기 때문에 매일 구석구석 관리할 예정입니다.

2. 관련 유지비 및 수리비는 일체 제가 부담하겠습니다. 저 혼자 사용하는 것이 아니기 때문에, 그로 인한 수리비 및 관리비는 당연히 제가 부담하겠습니다.

3. 다음 세입자를 구하기 쉬워집니다. 집을 호텔 수준으로 예쁘게 꾸밀 예정이기 때문에, 다음 세입자를 구할 때에도 쉽게 구해질 겁니다.

따로 해주실 건 없고 구청에 사업자등록 시 필요한 임대인 동의서 한 장만 서명해 주시면 됩니다. 동의해 주시면 올해 12월까지 준비해서 내년 1월부터 조금씩 운영해 볼 생각 입니다.

저는 시도해 보려는 입장인지라, 반대하시면 절대 진행할 생각은 없습니다. 집이 예뻐서 부업으로 틈틈이 할 수 있겠 다는 생각이 미쳐서 연락을 한번 드려봤습니다.

바쁘시겠지만 제가 말씀드린 내용을 조금 생각해 보시고 연락 부탁드리겠습니다!

감사합니다.

임차인 ○○○ 드림

결과적으로 집주인께서 "해봐도 괜찮을 것 같다.

잘됐으면 좋겠다."라고 답해 주셨습니다. 만약 집주인이 거절했다면 저는 지금 아예 다른 분야의 일을 하면서 살고 있을지도 모릅니다. 그만큼 결정적인 한마디였습니다.

집주인을 설득한 1~3의 항목은 모든 집에 적용할수 있는 장점입니다. 에어비앤비 호스트가 집을 관리하게 되면 실제로 인테리어나 청결도는 가장 훌륭한 상태로 유지됩니다. 다양한 게스트가 오간다고 해서 집이더 빠르게 손상되지도 않습니다. 운전자가 계속 바뀌어도 차량의 내구성은 주행거리(km)에 따라 결정되는 것과 같은 원리입니다.

집주인이 마음에 들어 했던 항목은 2번이었다고생각합니다. 다소 연식이 된 단독주택이다 보니, 손볼곳이 군데군데 생기던 시점이었습니다. 도어락도 없었고 보일러 디스플레이도 교체해야 했습니다. 그런 것들을 세입자가 알아서 해준다고 하니 손해 볼 게 없다고생각했을 것입니다. 손님이 드나드는 공간이면 모든 설비가 정상 작동하는지 호스트가 예민하게 살피기 마련입니다.

이미 살고 있는 집에서 에어비앤비 숙박업을 시작

하시려면 위와 같은 내용으로 집주인을 설득해 보시기 바랍니다. 그러나 만약 집주인과 전혀 안면이 없거나, 새로 집을 계약하는 상황이라면 이런 내용을 전달하는 것이 여의치 않을 수 있습니다. 이때는 정공법을 써야 합니다. 돈을 이용한 방식입니다.

월세를 올려서
집주인을 동업자로 만들기

집주인에게 에어비앤비 숙소로 사용하는 것에 동의해
주는 대가로 월세 인상을 제안할 수 있습니다. 예컨대
월세 80만 원짜리 집이면, 승낙해 주는 대신 월세로 90
만 원을 드리는 식입니다. 이미 살고 계신 집이라면 월
세로 5~10만 원 정도 더 지불할 의사가 있다고 얘기해
볼 수 있습니다. 월세를 올리는 순간 수익률이 오르기
때문에 집주인이 쉽게 거절하기 힘듭니다. 1년에 100
만 원 정도 비용을 더 써서, 에어비앤비 숙박업 경험을
얻고 계약 단계의 시간 손실을 줄일 수 있다면 합리적
인 투자라고 생각합니다.

　월세를 올려서 집주인의 동의를 받으면 몇 가지 이

점이 따라옵니다. 우선 집주인의 확실한 지지를 얻을 수 있습니다. 높은 월세 수입을 유지하려면 에어비앤비 숙박업이 순조롭게 운영되는 편이 집주인에게도 좋습니다. 준비 과정에서 집주인과 소통할 일이 생기면 앞으로도 편하게 연락할 수 있습니다. 즉, 집주인이 사업 운영에 있어서 어느 정도 같은 편에 서게 됩니다.

에어비앤비 창업 및 운영에 협조하는 대가로 집주인에게 매달 일정 금액을 지불하는 것은 충분히 합리적인 가치 교환이라고 생각합니다. 매달 조금 더 내는 월세는 사업소득에 대한 배당금을 지불하는 것이라고 생각하시면 좋습니다.

집주인의 세 가지
불안 요소 없애기

아무리 합리적인 제안을 해도 집주인 입장에서는 거절 의사를 표할 수도 있습니다. 물론 집주인의 동의를 못 받으면 다른 집을 찾으면 됩니다. 그렇지만 거절을 하는 이유를 생각해 보시는 것이 좋습니다. 에어비앤비를 탐탁지 않아 하는 집주인의 심리를 파악하면, 거절을 당해도 실망감을 줄일 수 있고 집주인의 심리에 맞춘 더 나은 전략을 찾을 수도 있기 때문입니다. 집주인이 에어비앤비에 대해 느끼는 불안감은 크게 세 가지입니다.

첫째, '에어비앤비' 자체에 대한 불안감입니다. 이 불안감은 에어비앤비에 대한 지식이나 경험이 없을수록 커집니다. 에어비앤비는 중·장년층에게는 아직 낯선 플랫폼입니다. 통계(숙박 앱 설치자 연령 분석, Dighty, 2021)에 따르면, 2021년 기준 국내 에어비앤비 어플 설치는 20대(41.6%), 30대(35.4%), 40대(17.7%), 50대 이상(4.8%) 순으로 나타났습니다. 플랫폼 이용자 중에서 4050세대가 차지하는 비중은 20%를 겨우 넘는 수준입니다.

오늘날 한국 집주인들의 상당수가 4050세대이거나 그보다 연령이 높은 경우가 많습니다. 에어비앤비 숙소를 이용한 경험은커녕 에어비앤비라는 단어를 들어본 적조차 없는 분들에게, 에어비앤비 숙소로 이용하는 데 동의해 달라고 부탁하는 것은 여간 어려운 일이 아닙니다. 그러니 아무리 설득해도 동의를 받기가 어렵습니다.

에어비앤비에 대한 지식이 있더라도, 안전 문제에는 불안을 느낄 수 있습니다. 집주인은 에어비앤비 숙소 때문에 화재가 나거나 집이 손상될 수 있다고 생각할 수도 있습니다. 이 문제에 대해서는 에어비앤비 호스트 책임보험(2024년 기준, 게스트로 인한 건물 손상 발생 시 최대 100만 달러)을 설명하면서 안심시켜 드리면 됩니다. 호스트 책임보험은 호스팅을 하면 자동으로 제공되는 에어비앤비의 서비스입니다. 호스트 책임보험뿐만 아니라, 사설업체를 통해 사업장에 화재보험을 추가로 들 수 있습니다.

둘째, 세입자의 신분에 대한 불안감입니다. 집주인은 안전한 세입자를 받고 싶어 합니다. 그런데 에어비앤비 숙박업을 하겠다고 들어오는 세입자는 의심이 갈 수밖에 없습니다. 상대방에게 신뢰를 주려면 자신을 드러내는 단계가 선행돼야 합니다. 나는 어떤 사람이고, 무슨 사연으로 에어비앤비 숙박업을 하려고 하는지 집주인에게 알리는 과정이 필요합니다. 월세를 올려 계약하겠다는 등 아무리 좋은 제안을 해도, 그 제안을 하는 사람이 누구인지 불확실하면 쉽게 승낙하기가 힘듭니다.

집주인에게 자신을 소개하는 말은 구체적이고 간결해야 합니다. '주변 ○○대학교에서 법학을 공부하는 학생', '○○동에서 꽃집을 운영하고 있는 주부', '○○사에서 4년째 근무', '○○에서 일하는 공무원' 등 자신의 신분이나 사는 곳 등을 드러내면 좋습니다. 직장명이나 학교명은 빠르게 신뢰감을 끌어올릴 수 있는 수단입니다. 이런 정보를 드러내는 순간, 집주인은 무의식적으로 세입자를 낯선 타인이 아니라 어느 정도 동질감을 느낄 수 있는 지역 사회의 구성원으로 느끼게 됩니다. '이 사람이 혹시 사기꾼이 아닐까?'라는 방어기제도 누그러집니다. 협상을 위해 가장 먼저 갖추어야 할 조건은 신뢰입니다. 신뢰가 없으면 협상 테이블에 앉을 수조차 없습니다.

이런 내용들을 제안해야 하기 때문에, 집주인에게 의사를 직접적으로 전달할 수 있는 부동산 직거래 카페(피터팬) 등을 이용하는 것이 좋습니다. 부동산을 통해 제안을 하더라도, 중개인이 번거로움을 느끼지 않도록 제안 내용(신분, 취지 등)을 확실하게 이야기해야 합니다. 부동산에도 돈을 이용한 제안을 할 수 있습니다. 에어비앤비 매물 중개를 성사시켜주면 복비(중개 수수료)를 일정 금액 더 드리겠다는 식입니다.

셋째, '세금'에 대한 불안감입니다. 세입자가 사업자등록을 하면 집주인의 임대소득이 투명하게 잡히지 않을까 우려합니다. 그러나 일반적으로 호스트(세입자)는 간이과세자(연 매출 1억 400만 원 미만 사업자)로 에어비앤비 숙박업을 시작하기 때문에 월세를 사업 지출로 신고할 필요가 없습니다. 따라서 집주인은 월세에 대한 세금계산서를 끊어주지 않아도 되고, 국세청에 월세 수입이 잡히지도 않습니다. 즉, 세입자가 에어비앤비 숙박업을 운영하더라도 임대료 구조는 일반적인 전·월세 임대차계약과 다르지 않습니다. 물론 집주인의 임대소득이 자동적으로 잡히지 않을 뿐이니, 다른 방식으로 임대소득은 드러날 수 있습니다.

재산세는 변화가 있을 수 있습니다. '집'이라는 재산이 사업장으로 운영될 경우 재산세 부과 기준이 주택이 아닌 상가로 바뀌게 됩니다. 지자체마다 다를 수 있지만, 대개 주택보다 상가의 재산세율이 높습니다. 외국인도시민박업 사업자를 낸 사례를 조사해 보면 재산세가 거의 바뀌지 않았다는 집도 있고, 최대 1.5배까지 부과됐다는 집도 있습니다. 이 문제를 해결하기 위해 월세를 조금 더 올려서 계약하거나, 재산세 상승분을 세입자가 부담하겠다는 식으로 집주인을 설득할 수 있습니다.

매물의 시장성을 가르는
3요소

사업자등록증 발급은 어디까지나 행정적인 절차입니다. 사업자등록증을 내는 것과 사업이 성공하는 것은 별개의 문제입니다. 공간이 지속 가능한 수익을 창출하려면, 기본적인 시장성을 갖추고 있어야 합니다. 매물 선택 단계에서는 다음의 3가지 요소를 따져봐야 합니다.

1. 위치

숙소를 선택할 때 사람들이 가장 예민하게 생각하는 요소입니다. 지하철이나 버스로 접근 가능한지, 유명 관광지와 인접한지, 공항과의 거리는 어떤지 등을 고객은 세심하게 살핍니다. 숙소 소개에는 이런 위치적 특성을 상세하게 써놓아야 합니다. 서울 숙소는 지하철역과 인접할수록 유리합니다. 주차시설이 있으면 좋지만 주차 불가를 써놓아도 무방합니다. 서울을 방문하는 국내외 관광객들은 상당수가 대중교통으로 움직입니다. 자차 이용객을 타깃에서 배제해도 수요는 충분합니다.

서울 외 지역에서 에어비앤비 숙소를 운영하시려면, 지역 숙소의 평균 숙박료와 예약률을 세심하게 살필 필요가 있습니다. 2024년 상반기 기준 부산은 생활형숙박시설 난립으로 숙소 공급이 지나치게 늘었습니다. 평일 예약 숙박료가 터무니없이 떨어졌고, 아주 특색 있는 숙소가 아니면 예약률 및 수익률이 떨어진 상황입니다.

강릉도 마찬가지로 어렵습니다. 여행 수요가 늘긴 했지만, 그에 따른 숙박업 공급이 지나치게 늘었습니다. 강릉 업자들 사이에서는 "주말만 (예약이) 차도 중간 이상은 된다"는 말이 나오는 실정입니다.

특정 지역을 시장조사한 결과 운영 중인 에어비앤비 숙소의 수가 적고, 예약률도 괜찮다면 충분히 시작해 볼 만합니다. 의외로 여행지로서 유행을 타지 않은 지역이 성공 확률이 높을 수 있습니다. 제가 상담했던 분들 중에, 경북 청송, 충남 공주에 각각 숙소를 차려서 성공시킨 사례가 있습니다. 지방에 거주하는 조건은 오히려 기회 요소가 될 수 있습니다.

2023년 기준 한국을 찾는 외국인 관광객의 80%가 서울을 방문합니다. 나머지 20%가 부산, 경기, 강원, 제주 등에 나눠서 방문하는 실정입니다. 서울은 일정한 수의 관광객이 항상 유지되기에, 상위 레벨의 숙소는 안정된 사업을 영위하는 편입니다. 반면 지방은 수요와 공급의 균형점이 자주 깨지곤 합니다. 초과 수요는 기회가 되지만, 초과 공급은 치킨게임을 불러옵니다. 지방에 거점을 두려면 반드시 시장 상황을 사전 파악해야 합니다.

공급 과잉인 지역에서 에어비앤비 숙소를 운영하시려면, 적어도 그 지역을 대표할 만한 1등 숙소를 만들겠다는 각오로 사업을 구상해야 합니다. 설령 1등이 못 되더라도, 상위 5~10% 레벨에 도달한다면 시장 상황과 무관하게 꾸준한 예약률을 유지할 수 있습니다. 관광객이 절반으로 줄든, 동네 숙소 개수가 2배로 늘든 내 숙소에 찾아올 손님 한 팀만 매일 있으면 됩니다.

2. 특색

프랑스어 '로망'은 오늘날 '꿈' 또는 '이상'을 뜻하는 단어로 쓰입니다. 사람들은 저마다 살고 싶은 집에 대한 로망을 품고 있습니다. 창이 꽉 막힌 집에 사는 사람이라면 뷰가 트인 집을 원합니다. 단층 집만 경험한 사람이라면, 복층 집을 보면서 '한번쯤은 살아보고 싶다'라고 생각합니다. 햇살이 내리쬐는 테라스나 조그마한 마당도 평범한 사람들이 갖추기 까다로운 주거 환경입니다. 구축에 사는 사람들은 신축을 꿈꿉니다. 드라마에 자주 나오는 한옥주택 또한 욕망을 자극하기에 충분합니다.

이처럼 숙소가 사람들의 로망을 자극하는 특색 요소(뷰, 복층, 테라스, 신축 등)를 갖추고 있다면 반드시 경쟁력으로 작용합니다. '살고 싶은 집에서 살아보기'는 에어비앤비 이용자가 얻어가는 중요한 가치입니다. 이런 특색 요소는 숙소 등록 시 타이틀로 쓸 수 있습니다.

부동산 임장을 다니다 보면 뷰가 좋은 집을 심심찮게 마주할 수 있습니다. 주목할 점은, 집값(전월세)에 뷰의 가치가 의외로 덜 반영된다는 것입니다. 같은 빌라 건물에서 뷰가 훤히 내려다보이는 세대와, 옆 건물로 창밖 경치가 가려진 세대의 월세가 동일한 경우가 많습니다. 동일한 월세를 낸다면 뷰가 좋은 라인의 집을 선택해야 합니다. 고궁, 교차로, 랜드마크(롯데타워, 남산타워 등), 공원이 보이는 뷰도 가치가 있습니다. 인테리어는 카피해도 뷰는 따라할 수 없기 때문에 숙소의 가치를 높여줍니다.

3. 기본 설비

기본 설비가 갖춰진 집은 초기투자비용을 줄여줍니다. 도배 및 장판을 손볼 필요가 없는지, 화장실은 깔끔한지, 누수 흔적은 없는지 살펴야 합니다. 에어컨, 세탁기, 냉장고 등 옵션이 있으면 더할 나위 없습니다. 집의 기본 설비에 돈을 쓰게 되면 흑자를 보는 시점이 늦춰집니다.

에어비앤비는 이미 사람이 살 만한(살고 있는) 집을 빌려주는 사업이기 때문에 초기투자비용이 적은 것이 장점입니다. 가볍게 시작해서 2~3달 만에 흑자에 도달할 수 있는 사업입니다. 초기비용이 많이 들어가는 집이라면 다른 대안이 있는지 고민해 보시기 바랍니다. 물론 본인 소유의 집이면 비용을 좀 투자해도 문제없습니다.

가끔 집주인이 먼저 에어비앤비 숙소를 제안하는 경우도 있습니다. 부동산 사이트를 돌아다니다 보면 '에어비앤비 가능(환영)'이란 문구로 소개된 매물이 이따금 눈에 띕니다. 하지만 이런 매물은 조심해야 합니다. 집이 너무 허름하거나 기본 설비에 하자가 많아서, 에어비앤비 호스트가 직접 고쳐주기를 바랄 확률이 높습니다. 낡은 집을 숙소로 가꾸어주면 집주인은 자신이 쓸 집수리 비용을 세입자가 대신 써주므로 이득입니다.

집을 구하실 때는 위 세 가지 요소 중에 최소 두 가지는 만족할 수 있는 매물을 선택하시기 바랍니다. 세 가지 모두 만족한다면 성공할 확률이 매우 높습니다.

추가로 네 번째 요소를 말씀드린다면, 고정비(월세와 관리비의 합계)입니다. 월세에 절대적인 기준은 없습니다. 대체로 지역의 평균값이 매겨지기 때문에, 주위 시세를 살펴보는 수밖에 없습니다. 고정비가 높으면 손익분기점이 높아집니다. 그러나 동시에 숙소의 퀄리티도 좋아지기 때문에 1박 숙박료도 올릴 수 있습니다. 참고로 예약률이 월 30% 정도(10박) 나왔을 때 수익이 고정비(월세와 관리비의 합계)를 넘을 수 있으면 괜찮다고 봅니다.

매물 찾기에
지름길은 없다

실제로 매물을 찾아다니다 보면 녹록치 않으실 겁니다. 하지만 매물 선정은 에어비앤비 숙소 운영을 시작하기 전에 반드시 거쳐야 하는 과정입니다. 외국인관광 도시 민박업 허가를 받은 사업장은 서울에만 1,500곳이 넘습니다. 허가 조건이 까다로워 보이지만, 많은 사람들이 그 조건에 맞춰서 실제 영업을 하고 있습니다. 여러분도 충분히 가능합니다.

매물 찾기에 지름길은 없습니다. 손품, 발품을 팔아서 허가가 날 법한 매물을 찾아 직접 계약하는 수밖에 없습니다. 시간이 걸리더라도 계속 부동산 문을 두드려야 합니다.

이미 허가가 난 매물을 양도받는 방식은 추천하지 않습니다. 부동산 직거래 사이트나 네이버 호스트 커뮤니티 양도 게시판에 종종 에어비앤비 양도 매물이 올라옵니다. 그런데 이런 매물들은 사업성이 많이 떨어지거나, 지속적인 운영이 불가능할 정도로 하자가 있을 확률이 높습니다.

사업성이 좋은 매물은 친지나 지인에게 먼저 양도하기 때문에, 웬만하면 제3자에게 기회가 오지 않을 것입니다. 만약 괜찮은 매물이 양도 게시판에 올라온다면 권리금이 아주 높게 책정될 가능성이 큽니다. 권리금이 적절하게 책정되더라도, 에어비앤비 숙소 운영 경험이 없으신 분들은 적정 양도 금액을 빠르게 판단하기 어렵습니다. 부동산 직거래 사이트에 '에어비앤비'를 키워드로 설정해 놓고, 글이 뜨자마자 모니터링하는 소위 '매물 헌터'들도 있습니다. 이들과 경쟁해 빠르게 판단을 내려서 계약을 따낼 가능성은 낮습니다. 따라서 다소 시간이 걸리더라도, 양도가 아닌 초기 창업을 목표로 매물을 계약하는 게 효율적일 것입니다.

자본주의에서 좋은 기회는 나에게 쉽게 다가오지 않습니다. 갯벌에서 진주를 캐듯 직접 찾아 나서야 합니다.

사업자등록은
간이과세자로

조건이 모두 갖춰졌다면 모든 서류를 관할 구청에 직접 제출하시면 됩니다. 서류 심사가 완료되면 현장 실사 단계를 거칩니다. 관할 구청과 현장 실사 일정을 협의한 후에 공무원이 숙소에 방문하여, 실거주 여부, 소화기 설치 여부, 외국어 능력수준 등을 체크합니다. 인터넷을 통해 '외국인관광 도시민박업 관리지침'을 검색하시면 관련 절차를 쉽게 확인할 수 있습니다. 현장 실사까지 완료되면 '관광사업등록증'을 교부받으실 수 있습니다. 이후 이 등록증을 가지고 세무서에 가서 사업자등록증을 발급받으면 최종 완료됩니다.

　　사업자를 처음 등록할 때는 일반과세자와 간이과

세자 중 하나를 선택할 수 있습니다. 간이과세가 배제되는 지역이 아니라면, 간이과세자로 사업을 시작하는 편이 세금 납부에 유리합니다. 연 매출 4,800만 원 미만 간이과세자는 부가세가 면제됩니다. 2024년 기준 연 매출 1억 400만 원 미만이면 간이과세자 자격을 유지할 수 있습니다. 매출이 4,800만 원 이상 1억 400만 원 미만일 경우, 매출에 업종별 부가가치율(25%)과 부가세율(10%)를 곱해서 부가세를 산정하여 납부합니다. 이 경우에도 일반과세자보다 세액 금액이 적습니다.

부가세 신고 의무가 없더라도 종합소득세 신고(매년 5월)는 해야 합니다. 연 매출 3,600만 원 미만일 경우, 소득 금액은 매출에서 일정한 비율(단순경비율, 82.9%)을 뺀 값으로 산정합니다. 단순경비율을 적용하면 산출 소득에 따른 세액도 크지 않습니다. 다만 매출이 3,600만 원을 초과할 경우 기준경비율(20.4%)을 적용받으며, 임차료 등 각종 공제 항목도 계산해야 합니다. 이 경우 세무 대리인을 써서 세액을 산출하는 게 편할 수 있습니다.

만약 일반과세자로 사업을 시작하시는 경우에는, 부가세 금액을 줄이기 위해 매입 비용을 사업자용 카드로 꼼꼼히 처리하셔야 합니다. 사업자용 신용카드는 홈택스에서 등록할 수 있습니다. 초기 인테리어 비용이 많이 드는 상황이라면, 일반과세자를 선택해 사업을 시작하는 게 더 유리할 수도 있습니다. 간이과세자는 부가세 환급을 받을 수 없지만, 일반과세자는 매출보다 매입이 많은 경우 부가세 환급을 받을 수 있기 때문입니다.

외국인도시민박업
운영 지침 짚어보기

어렵사리 사업자등록을 한 뒤에도 운영 지침을 읽어보시면 의아한 내용이 눈에 띨 것입니다. 외도민 사업장은 원칙적으로 내국인(한국인) 게스트를 받을 수 없습니다. 그러나 서울, 부산 기준 '위홈(또는 규제샌드박스 실증특례를 받은 국내 플랫폼)'이라는 업체에 숙소를 등록하면 전체 영업일수의 50%까지는 내국인을 받을 수 있습니다. 따라서 에어비앤비에 숙소를 등록한 뒤에 위홈에도 같은 숙소를 등록하시기 바랍니다.

사실상 에어비앤비 내국인 게스트 불가 지침은 다소 유명무실해졌습니다. 에어비앤비에서 즉시예약하는 내국인을 저지하기 어렵고, 게스트의 닉네임과 사진만으로는 국적을 구분하기도 힘듭니다. 게다가 대부분의 한국인들이 위홈이 아닌 에어비앤비만 이용하는 실정입니다. 내국인 게스트는 위홈을 통해 예약해 달라고 숙소 설명에 써 놓아도, 이용자들은 굳이 다른 플랫폼으로 넘어가지 않습니다.

그렇지만 법적인 리스크를 줄이고, 위홈 자체의 프로모션(수수료 인하 또는 정부지원 쿠폰) 혜택도 종종 받을 수 있기 때문에 위홈 등록을 하는 게 좋습니다. 참고로 에어비앤비와 위홈 달력은 연동됩니다.

국내에 거주하는 외국인의 비율이 5%에 다다르면서, 우리나라는 공식적으로 다인종 국가가 되었습니다. 이런 가운데 게스트의 국적을 가려 받아야 한다는 지침은 실효성이 떨어지며, 차별의 소지도 있다고 생각합니다. 공유숙박이 도입된 전 세계 220개국 중 자국인의 공유숙박 이용을 금지하는 국가는 한국이 유일합니다.

숙박플랫폼 업계에서는 내국인 숙박불가 지침 완화를 꾸준히 주장하고 있습니다. 그렇지만 기성 숙박업체(호텔, 모텔 등)의 목소리도 크기 때문에 법 개정이 쉽지 않습니다. 개인 사업자 수가 늘면 기존 숙박업체들이 매출을 빼앗길 거라는 우려가 큽니다. 유튜브가 발전하면서 방송국의 힘이 약해졌듯 말입니다. 그러나 한국의 숙박 시장 전체가 성장하려면 공유숙박 규제 완화는 반드시 필요하다고 생각합니다. 트렌드 반영이 빠른 에어비앤비 숙소와 경쟁을 독려해야 지역 모텔, 호텔들도 서비스가 개선될 수 있습니다. 또한 에어비앤비가 커버하지 못하는 숙박 수요(단체관광 등)가 반드시 있습니다. 호텔은 서비스(조식, 룸서비스, 데일리 클리닝, 헬스장 등)만으로 특정 수요층을 겨냥할 수 있습니다. 반대로 공유숙박업체가 제공할 수 있는 특별한 서비스도 있습니다. 이처럼 각각의 영역에서 최선을 다하면서 상생과 성장을 이끌어내는 쪽으로 숙박업은 나아가야 합니다.

공유숙박 법규는 이 책이 출간된 뒤에도 계속 바뀔 것입니다. 호스트 생활을 영위하면서도 에어비앤비 관련 법 개정에는 끊임없이 귀를 기울여야 합니다. 장기적으로는 공유숙박 규제가 완화되는 쪽으로 방향이 잡힐 거라고 생각합니다. 공유경제 플랫폼 규제 완화 흐름, 국내 여행산업 성장을 위한 경쟁 도모, 저출산 초고령화로 인한 빈집 문제 해결 등 법 개정을 추진할 만한 근거가 많습니다.

편법으로 방 빌려주기 :
파티룸과 단기임대

지금까지 글을 읽으신 분들이라면 에어비앤비 사업자 등록증을 취득하는 게 만만치 않다는 것을 느끼셨을 겁니다. 발품을 팔아서 시장성이 있는 집을 찾아야 하고, 집주인과 이웃 주민들의 동의까지 얻어내야 하기 때문입니다. 그러다보니 숙박업 사업자등록증 발급을 건너뛰고 일을 시작하시려는 분들이 종종 계십니다. 아주 불가능하지는 않습니다.

불법이 아니라 편법으로 방을 빌려주는 방법은 두 가지가 있습니다. 숙박업 또는 민박업 허가 없이, 손님에게 숙박에 준하는 서비스를 제공하는 방법입니다.

첫째, 파티룸으로 운영하는 방법입니다. 파티룸은

'숙박업 또는 민박업'이 아닌 '공간대여 서비스업(지자체에 따라 부동산임대업)'으로 신고합니다. 파티룸의 올나잇 패키지는 고객에게 밤새 공간을 빌려주는 상품입니다. 체크인 시간과 체크아웃 시간을 숙박업과 비슷하게 세팅할 수 있습니다. 그러나 숙박과 관련된 시설 및 용품(침대, 수건, 어메니티 등)을 제공하면 안 됩니다. 미신고 숙박업으로 비추어져서 처벌받을 수 있습니다.

따라서 숙소 등록 페이지에 숙박업이 아님을 명문화하고, 혹시나 잠을 주무실 분들께서는 필요한 비품을 직접 챙겨 오시라고 하면 됩니다. 이런 식으로 파티룸을 운영하는 사람들은, 침구가 아닌 담요 또는 쇼파베드 등 올나잇에 필요한 물품을 간접 제공하는 식으로 법망을 피해 가고 있습니다. 요즘은 고객들도 파티룸과 숙박업을 구분하며, 서비스 제공 범위를 충분히 이해하고 있습니다.

파티룸이 법의 사각지대에 놓여 있자 보건복지부는 2024년 초에 관리기준을 마련할 것임을 발표했습니다. 그러나 아직 실태조사 중입니다. 법이 제정되기까지는 시간이 걸릴 것입니다. 만약 법이 명문화되면 그 법에 따라서 비품 기준이 강화될 수 있습니다.

둘째, 집을 단기임대로 놓는 것입니다. 단기임대는 숙박업이 아닌 '부동산임대업 또는 전대업'에 해당합니다. 최소 일주일에서 몇 개월 단위로 집이 필요한 사람들을 대상으로, 잘 갖춰진 집을 빌려주는 비즈니스입니다.

기존 단기임대는 몇몇 부동산을 통해서만 거래가 이루어졌습니다. 부동산은 단기임대가 가능한 집을 찾아서 집주인과 세입자를 연결해 주고 양쪽에 복비를 받습니다. 세입자는 집주인에게 월세와 보증금을 지불합니다.

그러나 '삼삼엠투', '리브애니웨어' 같은 단기임대 중개 플랫폼이 생기면서 시장이 달라졌습니다. 집주인은 부동산이나 공인중개사를 거치지 않고 자유롭게 자신의 방을 업로드할 수 있습니다. 보증금 송금 및 반환, 계약서 작성 같은 번거로운 절차도 플랫폼에 의해 간소화됐습니다. 중개수수료 대신 보다 저렴한 플랫폼수수료를 지불합니다. 고객은 마치 '숙박업소를 예약하듯' 몇 번의 터치만 하면 계약이 확정됩니다.

삼삼엠투, 리브애니웨어에는 사업자등록증이 없어도 방을 등록할 수 있습니다. 민간임대주택법에 따르면 주택임대사업자 등록은 의무가 아닙니다. 많은 집주인들이 사업자등록증 없이 월세 수익을 거두고 있습니다. 단기임대 플랫폼에 방을 등록해서 얻는 수익은 임대소득에 속합니다.

단기임대 역시 집주인의 허가(계약서에 전대차 가능 조항 추가 또는 구두 동의)가 필요할 수 있습니다. 집주인의 동의 없이 임차인이 단기임대를 운영했다가 혹시나 문제가 생기면 임대차계약을 해지당할 위험이 있습니다.

파티룸과 마찬가지로 단기임대 영업을 할 때도 숙박업처럼 비추어지지 않기 위해서는 비품에 제한을 두어야 합니다. 원칙적으로는 기본 어메니티, 수건, 심지어 이불까지 비치하면 안 됩니다.

현재는 단기임대와 숙박업의 경계가 모호한 것이 사실입니다. 생활형숙박시설 소유자나 임대업자들 사이에서도 갑론을박이 많습니다. 단기임대가 법적으로 명확히 규정되어 있지 않기 때문입니다. 반면 숙박업은 "잠을 자고 머물 수 있는 서비스(침구류나 위생설비) 등을 계속적, 반복적으로 제공하는 것"이 본질이라는 판례가 있습니다. 이 문구 때문에 침구류, 수건 및 비품

등을 제공하면 위험하다고 입을 모아 말하는 것입니다.

또한 에어비앤비 플랫폼 지침 강화에 따라, 파티룸과 단기임대 사업자는 아예 에어비앤비 플랫폼에 등록이 불가능해질 가능성이 높습니다. 그렇다면 파티룸이나 단기임대는 에어비앤비 외 플랫폼(삼삼엠투, 네이버 피터팬 카페, 스페이스클라우드 등)에서만 운영하셔야 합니다.

제 3 부

인테리어(2~3주 차)

인테리어가 곧
마케팅이다

매물을 선택하셨다면, 이제 숙소의 때깔을 갖출 시간입니다. 에어비앤비 숙소의 성패를 결정히는 가장 중요한 단계, 인테리어입니다. 에어비앤비 숙소를 운영하는데 별다른 마케팅 수단은 없습니다. 오직 플랫폼 내 알고리즘에 의해 노출 순서가 결정됩니다. 다른 플랫폼처럼 광고비를 쓴다고 숙소가 상위에 노출되지 않습니다. 고객은 에어비앤비 페이지에 노출된 숙소 사진과 텍스트만 보고 예약을 결정합니다. 당연히 예쁜 숙소일수록 클릭률이 높고 예약 전환율도 높습니다. 즉 인테리어가 곧 마케팅입니다.

　인테리어와 관련된 잘못된 속설 중 하나는 '돈을

많이 쓸수록 예뻐진다'입니다. 물론 비싼 자재를 쓰면 내구성 또는 마감재 퀄리티가 향상될 수 있습니다. 그러나 투자 비용에 비례해서 시각적인 완성도가 높아지는 것은 아닙니다. 신도시 상가에 수억을 들여서 인테리어한 카페보다 오래된 건물에 미니멀한 가구 몇 개만 배치한 지역 카페가 더 좋아 보이는 경우가 흔합니다. 숙소 인테리어도 마찬가지입니다. 비싼 브랜드 가구를 잔뜩 들여놓은 집보다 비용을 크게 들이지 않았지만 어딘가 모르게 감각적인 느낌을 주는 집이 손님을 끌어당기곤 합니다.

저비용 인테리어는 선택이 아닌 필수입니다. 에어비앤비 숙박업은 예산을 타이트하게 잡아야 하는 사업입니다. 비용과 수익의 범위가 명확하기 때문입니다. 월 순이익을 100만 원 정도로 잡았을 때, 인테리어 비용은 적어도 3개월 이내에 충당되어야 합니다. 즉 인테리어 비용으로는 300~500만 원 정도가 적합합니다. 이 금액이 가능한 이유는, 에어비앤비 숙소는 집 전체를 뜯어고치기보다는 몇몇 필요한 가구만 구입하여 배치하는 홈데코로도 충분하기 때문입니다.

일반적인 상가 인테리어는 아무것도 없는 상태에

서 시작합니다. 전기 시설, 싱크대, 벽지, 바닥, 창호(섀시) 등을 설치하기 위해 수천만 원을 들입니다. 반면 에어비앤비 숙소 인테리어는 누군가가 살던 집을 숙소로 바꾸는 것입니다. 상가와 다르게 기본 인테리어(도배, 장판, 몰딩, 화장실, 주방 등)가 되어 있을 가능성이 높습니다. 에어비앤비 숙박업이 저예산으로 시작할 수 있는 이유가 여기에 있습니다. 이미 집으로 기능하던 곳을 적절히 '꾸며서' 숙소로 바꾸기만 하면 됩니다. 물론 잘 꾸미기 위해서는 노하우가 필요합니다. 제3부에서 중점적으로 말씀드릴 내용은 홈데코 노하우입니다.

저비용 고효율
인테리어 노하우

앞서 대부분의 에어비앤비 숙소 인테리어는 이미 정해진 뼈대 위에서 시작한다고 말씀드렸습니다. 그 '뼈대'를 전체적인 콘셉트에 녹이는 것이 저비용 고효율 인테리어의 핵심입니다.

　여기서 뼈대란 이미 공간에 설치되어 있기 때문에 내가 손댈 수 없는 모든 것을 의미합니다. 대개 벽지, 바닥, 몰딩 등이 이에 해당합니다. 많은 분들이 이런 기본적인 요소들을 과소평가합니다. 그런데 조금만 살펴보면, 이미 이 뼈대만으로 공간이 절반 이상 인테리어되어 있다는 것을 알 수 있습니다. 바닥, 천장, 벽지는 시각 요소 중 절반 이상을 차지합니다.

가령 평범한 원목 무늬 데코타일과 하얀 벽지로 되어 있는 공간을 꾸민다고 생각해 봅시다. 데코타일은 빌라나 오피스텔에서 흔히 볼 수 있는 바닥재입니다. 너무 흔하기 때문에 인테리어의 특징적인 요소로 쉽게 인식하기 어렵습니다. 그러나 바닥 전체가 원목 데코타일이면, 이미 집의 절반 이상이 원목으로 인테리어되어 있다고 인식해야 합니다. 원목은 굉장히 캐릭터가 강한 요소입니다. 이 바닥 위에 올려질 가구 역시 원목이어야 자연스럽습니다. 질감이 전혀 다른 앤티크 소파나 모던한 철제 수납장을 들인다면 인테리어가 첫 단추부터 언밸런스를 자아낼 것입니다. 세심히 봐야 할 것은 원목의 질감과 색입니다. 바닥이 연한 색 우드라면 천연의 원목 가구가 어울릴 것입니다. 반면 진한 갈색이라면 가구 역시 진한 색을 배치하는 게 좋습니다.

　핵심은 이미 집에 주어진 인테리어 요소(뼈대)에서 콘셉트를 도출하는 것입니다. 인테리어는 주어진 질문에 대한 정답을 찾는 과정입니다. 흰 도화지에 마음대로 물감을 푸는 창의적인 그림 그리기가 아닙니다. 콘셉트를 마음대로 정하고 싶으면 아예 집을 설계할 때부터 참여해야 합니다.

그렇다면 주어진 공간 안에서 어떻게 적합한 콘셉트를 빠르게 도출할 수 있을까요? 먼저 인테리어할 공간의 구성 요소를 객관적으로 살펴야 합니다. 벽지와 바닥은 무슨 색인지, 몰딩의 질감은 어떠한지, 싱크대는 어떤 재료로 만들어졌는지, 문의 색은 어떤지 등을 세심하게 살펴보는 것이 첫 번째입니다.

이 요소들에서 정답을 찾는 가장 빠른 방법은 '핀터레스트(Pinterest)'를 이용하는 것입니다. 핀터레스트는 디자이너들이 애용하는 앱입니다. 검색하는 키워드에 따른 수많은 레퍼런스를 보여줍니다.

핀터레스트 검색창에 가장 특징이 되는 집의 구성요소를 검색하면, 그 구성 요소를 가장 잘 활용한 인테리어 레퍼런스를 찾을 수 있습니다. 앞서 예로 든 연한 원목 바닥을 활용한 레퍼런스를 얻으려면 'light wood floor interior'를 키워드로 검색하면 됩니다. 결과창에는 해당 키워드에 해당하는 수천 개의 예시들이 나열될 것입니다.

재미있는 점은 특정한 키워드들로 찾은 수천 개의 이미지들이 상당한 유사성을 띠고 있다는 점입니다. 이 키워드들로 도출된 공간의 가구 색, 질감, 포인트 컬러,

분위기 등이 특정한 톤으로 수렴합니다. 이런 유사성과 특정한 톤이 곧 내가 취해야 할 '콘셉트'에 해당합니다. 이 콘셉트에 따라 가구 또는 소품을 구입해 나가면 됩니다.

인테리어의 큰 범주(북유럽, 내추럴, 미드센츄리 등)로 검색하는 것보다 실질적인 소재를 검색하면 훨씬 실용적인 이미지들을 찾을 수 있을 겁니다.

전체 순서를 요약하자면 '1) 공간 요소 파악하기, 2) 레퍼런스(핀터레스트 검색)로 콘셉트 잡기, 3) 가구 구입, 배치하기'입니다. 이제부터는 제가 직접 인테리어한 공간들을 예시로 들면서 설명하겠습니다.

관련 사진을 모두 책에 싣기에는 양이 많아서, QR코드로 대체합니다. 스마트폰 카메라로 아래 QR코드를 촬영하시면 페이지 링크가 뜹니다. 스크롤을 내리면서 아래 글을 함께 읽으시면 됩니다.

https://blog.naver.com/lifeinvesting/223626785836

예시 프로젝트1 :
20년 된 낡은 호텔방 꾸미기

첫 번째 예시는 준공한 지 약 20년 된 낡은 호텔방입니다. 저는 2021년에 이 공간을 다듬어서 단기임대 숙소로 탈바꿈하는 프로젝트를 진행했습니다.

먼저 특징이 되는 요소를 살펴봅시다. 진한 갈색 바닥이 특징입니다. 오래된 나무가 깔린 듯한 느낌을 줍니다. 벽지 역시 흰색이 아니라 다소 누런색입니다. 모던한 느낌보다는 앤티크한 느낌이 강합니다. 이전 세입자가 두고 간 침대는 바닥과 색이 어울려서 활용하고자 합니다.

이를 바탕으로 콘셉트를 잡아볼 차례입니다. 저는 'Dark brown floor interior(진한 갈색 바닥 인테리어)'를 키워드로 잡았습니다. 이 단어를 핀터레스트에서 검색해 보았습니다.

갈색 바닥을 인테리어 소재로 활용한 사진 수백 장이 도출됩니다. 찬찬히 스크롤을 내리다 보면 어떤 인테리어 요소를 차용하면 좋을지 감이 잡히실 겁니다. 이 예시 사진들은 어떤 유사성(공통점)을 띠고 있습니다. 눈에 띄게 독특한 인테리어를 한 공간은 찾아보기 힘듭니다.

예를 들면, 커튼은 대부분 흰색입니다. 갈색, 노란색, 베이지색을 쓴 공간은 한 군데도 없습니다. 갈색 바닥에는 흰 커튼이 잘 어울리기 때문에 다른 대안이 없었던 겁니다. 실제로 흰색은 진한 나무색과 대비감이 좋으며, 자칫 올드한 느낌을 줄 수 있는 공간에 생동감과 청량함을 일으킵니다. 이런 인테리어 지식이 없더라도 핀터레스트 사진만으로 정답(흰색 커튼)을 얻어냈습니다.

조명은 모던한 느낌보다는 패브릭이나 종이 느낌의 따뜻한 조명 갓이 어울립니다. 간접 조명은 용도에 따라 여러 개를 두는 것이 좋습니다. 형광등을 켜지 않아도 활동하는 데 불편함이 없게끔 조명을 곳곳에 두면

보다 분위기를 살릴 수 있습니다.

의자나 테이블의 색도 유심히 살펴봐야 합니다. 바닥 색과 비슷한 진한 색(월넛, 멀바우 또는 블랙)이 쓰였습니다. 밝은 톤의 나무(메이플, 화이트오크 등)는 대부분 사용하지 않았습니다. 바닥 색이 진해서 붕 뜬 느낌이 들 수 있기 때문입니다.

핀터레스트 예시에는 채도가 있는 포인트 컬러가 거의 보이지 않습니다. 자주 사용된 색은 식물을 활용한 초록색입니다. 흰색 패브릭(쿠션, 카펫, 소파)과 짙은 초록빛 나무가 섞여서 조화로운 느낌을 연출합니다. 어떤 공간을 인테리어하든 색을 함부로 써서는 안 됩니다. 어울리지 않는 색을 쓰면 공간 전체의 조화를 망칠 수 있습니다.

위에서 도출한 공통 요소들을 공간에 들여놓는 것만으로 충분히 완성도 있는 인테리어를 구현할 수 있습니다. 에어비앤비 숙소 인테리어는 거창한 작업이 아닙니다. 결국 몇 가지 요소(테이블, 의자, 침대, 협탁 등)를 구입해, 적절한 곳에 배치하는 것만으로 공간이 빠르게 채워집니다. 어떤 느낌의 가구를 구입하면 좋을지 정답을 알고 있는 것만으로도 성공 확률을 높일 수 있습니다.

실제 구입 단계에서는 가구 배치를 동시에 고민해야 합니다. 가구를 어디에 둘지에 따라 필요한 제품 사이즈가 달라지기 때문입니다. 가구 배치는 이용자의 동선을 생각하되, 공간의 잠재력을 극대화하는 방향으로 이루어져야 합니다. 이용자의 동선은 방에 들어온 사람이 어떤 행위를 할지를 상상해 보면 파악할 수 있습니다. 일반적인 숙소에서는 침대에 누워서 쉬는 행위(TV를 보는 행위)와 식사 또는 차를 즐기는 행위를 떠올릴 수 있습니다. 이 행위에 맞추려면 침대 공간과 테이블 공간이 각각 필요합니다.

공간의 잠재력을 극대화한다는 것은 공간에서 느껴지는 편의성, 개방감(넓어 보이는 느낌), 심미성을 최대한으로 끌어올리는 지점에 가구를 둔다는 뜻입니다. 가구를 놓다 보면 어딘가 불편함이 느껴지거나, 전체적으로 조화롭지 않거나, 사용하지 못하는 공간이 생겨서 좁게 느껴질 때가 있습니다. 이런 경우를 최대한 줄이면서 최적의 배치를 찾아나가야 합니다. 가구 배치는 한 번에 해결되기는 어렵고, 여러 차례 위치를 바꾸다 보면 답을 찾을 때가 많습니다. 구입 당시에는 잘 들어

맞을 거라고 생각했던 가구가 실제로 배치하면 어색한 느낌이 들기도 합니다. 가구를 두었을 때 어색한 느낌이 들더라도, 디자인이 공간에 잘 맞으면 위치를 바꾸는 것만으로 인테리어가 살아나곤 합니다.

지금까지 설명한 개념을 예시 공간에 적용해 보겠습니다(QR 페이지 사진 참조). 저는 앞서 말씀드린 콘셉트에 따라 월넛 색(짙은 갈색) 테이블과 의자를 구입했습니다. 창문 쪽 뷰가 좋아서 테이블 공간은 창가에 맞닿도록 설정했습니다. 침대는 공간의 가운데에 왔을 때 동선이나 편의성이 좋았습니다. 침대와 마주보는 벽에는 TV를 두기 위해 월넛 색 선반을 구매했습니다. 침대 협탁 역시 월넛 색으로, 물건을 올려두면서 수납이 가능할 만한 사이즈를 구매했습니다. 침대와 테이블은 3~4차례 이동시켜 본 끝에 최적의 위치를 확정했습니다.

테이블에는 둥글고 큰 하얀색 조명 갓을 이용한 펜던트 조명을 설치했습니다. 이 조명은 식사 분위기를 더하면서, 공간에 포인트가 될 만한 소품이 될 거라고 생각했습니다. 협탁에는 앤티크한 느낌의 테이블램프를 두었습니다.

예시 프로젝트2 :
빌라 꾸미기

이 예시 역시 앞서 소개한 QR코드의 사진을 참조 부탁
드립니다. 이 빌라는 한국에서 흔히 볼 수 있는 빌라입
니다. 단독주택이나 펜션에서도 많이 보이는 형태입니
다. 사진에 보이는 공간은 거실과 큰 방입니다. 이 집은
제가 숙소 목적으로 꾸민 것은 아니지만, 집의 구성 요
소를 일반적으로 흔히 볼 수 있으므로 예시로 소개하려
합니다.

먼저 특징이 되는 요소를 뽑아내야 합니다. 제 눈
에는 원목 데코타일 바닥이 가장 눈에 띄네요. 창문틀
은 좀 더 연한 나무색입니다. 몰딩(걸레받이)은 바닥과
비슷한 나무 톤으로 설치되어 있습니다. 벽지와 천장은

흰색입니다.

위와 같은 조건에서 가장 인테리어가 잘된 사례를 핀터레스트에서 찾아볼 차례입니다. 바닥이 특징이 되므로, 'light wood floor interior(연한 나무 바닥 인테리어)'를 검색하겠습니다.

역시나 인테리어 대상 공간과 상당히 유사한 구조의 사진들이 많이 뜹니다. 그리고 각 사진들이 어떤 일관된 인테리어 콘셉트를 보여주고 있습니다. 대부분의 가구가 바닥과 비슷한 원목 재질로 만들어진 것을 볼수 있습니다. 나무의 색상에 약간의 변화를 주면서 시각적인 입체감을 주기도 했습니다.

또한 이 인테리어에도 채도가 강한 소품이 없습니다. 노란색, 빨간색, 주황색 등 포인트 컬러는 쓰지 않았습니다. 검정이나 회색 컬러도 다소 강해 보이고, 흰색이나 베이지색은 잘 어울립니다. 이 인테리어에서도 유일하게 쓰인 포인트 컬러는 초록색입니다. 식물을 활용하여 시각적인 조화로움을 주었습니다.

'바닥과 비슷한 계열의 원목 가구, 베이지색 또는 흰색 소품, 포인트로는 초록색 식물 활용', 이 세 가지 특징을 방향성으로 도출했습니다. 이는 우드 인테리어 콘셉트의 기본 속성이기도 합니다.

저는 거실에서 TV를 보지 않기 때문에 작업용 테이블을 가운데에 놓았습니다. 이후 기본 가구들(책장, 소파, 침대, 의자, 테이블 등)을 비슷한 원목 톤으로만 맞춰서 구입했습니다. 색은 최대한 절제하고, 포인트를 위해 몇 가지 조화를 구입해 곳곳에 두었습니다. 구매처는 당근마켓, 오늘의집, 이케아 등을 이용했습니다.

앞서 소개한 두 가지 예시 프로젝트 외에 QR코드에서는 예시 프로젝트를 한 가지 더 소개했습니다. 구축이나 오래된 상가에 어울리는 '미드센츄리 모던' 인테리어 사례입니다. 콘셉트를 도출하는 방식은 같습니다. 공간에 특징이 되는 성질(키워드)을 핀터레스트에 검색하여 특정한 방향성을 이끌어내면 됩니다.

인테리어 및 비품 조언
10가지

앞서 설명한 인테리어 프로세스가 콘셉트, 디자인에 관한 이야기였다면, 이번 단계에서는 실제 숙소를 완성하는 데 필요한 실용적인 팁을 드리겠습니다.

침대 사이즈는 2인 기준으로 최소 퀸(150×200㎝) 이상이 좋습니다. 더블 사이즈(140×200㎝)는 작아서 불편하다는 리뷰가 달릴 수 있습니다. 퀸 사이즈 이상의 침대를 사용한 공간에서는 침대 사이즈 때문에 불만 리뷰가 나온 적은 없었습니다.

매트리스는 리뷰를 잘 검토하고 사야 합니다. 너무 딱딱하거나 무른 것보다는 보편적인 취향을 만족할 만한 제품이 좋습니다. 숙박 경험을 평가할 때 수면의 질은 매우 큰 비중을 차지합니다. 매트리스는 고객이 최소 하루 8시간 이상 보내는 공간입니다. 저는 한샘의 '노뜨컴포트' 시리즈를 애용합니다. 가격이 나름 합리적이고, 매트리스가 불편하다는 리뷰를 받아본 적 없습니다.

매트리스는 오염이 쉽기 때문에, 매트리스 커버 아래에 방수커버를 먼저 씌우시기 바랍니다. 쿠팡에서 2만 원대면 구매 가능합니다. 방수커버는 분기에 1회 정도 세탁해 주면 됩니다.

이불, 매트리스 커버는 소모품이라고 생각하시는 편이 좋습니다. 게스트에 의한 오염은 주기적으로 반드시 발생합니다. 이케아 제품을 추천합니다. 가격이 저렴하고 색이 깔끔하며 재고 보충도 쉽습니다. 이불 속은 약간 따뜻한 계열(이케아 스모스프레 등)을 구매하시면 사계절용으로 쓸 수 있습니다.

패브릭 제품(쿠션, 소파 등)은 가급적이면 최소한으로 놓는 것이 편합니다. 세탁을 해줘야 하는 품목의 가짓수가 늘수록 반복하는 일이 늘어납니다. 소파는 가

죽 또는 아쿠아텍스(생활방수) 재질을 추천합니다.

전자제품(냉장고, TV, 스피커, 드라이기 등)은 내구성이 중요합니다. 고장이 나서 클레임이 들어오면 상당히 애를 먹을 수 있습니다. 전자제품 수리에는 최소 이틀에서 길게는 일주일 이상 소요되기 때문입니다. 성능이 안 좋은 냉장고를 뒀다가, 팬 소음이 시끄러워서 손님이 숙박 환불을 요청하는 사례도 있습니다. 에어컨이나 세탁기도 의외로 고장이 잘 나는 품목입니다. 따라서, 전자제품은 나중에 되판다는 생각으로 가급적이면 브랜드 제품을 구입하기를 권합니다.

어메니티는 대용량 제품과 디스펜서를 각각 구입해서 떨어질 때마다 채워주시면 됩니다. 샴푸, 린스, 컨디셔너(린스)가 기본입니다. 여행객들 중에는 린스를 필수품으로 생각하시는 분들이 많기 때문에 간과하지 않으셔야 합니다. 대용량 제품은 숙박업소용 저가 브랜드 품목보다는, 최소 애경(생활용품 제조 중견기업 이상) 제품을 구입하시길 권합니다. 애경에서 판매되는 대용량 제품은 가격이 그리 비싸진 않지만 꽤 괜찮은 퀄리티를 보장합니다. 가격이 지나치게 싼 어메니티를 제공할 경우 저렴한 모텔을 떠올릴 수 있기 때문에 주의해야 합니다.

어메니티는 패키징이 사실 더 중요합니다. 내용물은 적당한 브랜드 대용량 제품을 사되, 그것을 담는 통은 디스펜서 세트를 따로 구매해서 사용하는 편이 좋습니다. 중저가 생활용품 브랜드 용기를 그대로 쓰면 허름한 모텔에서 숙박한다는 느낌을 줄 수 있습니다.

인테리어의 완성은 디테일입니다. 휴지통, 조명, 식기통, 접시, 전자레인지, 우산꽂이 등 모든 크고 작은 물품은 인테리어 콘셉트에 녹아들면 좋습니다. 콘셉트에 맞지 않는 소품은 이용자의 몰입을 깨는 요소가 됩니다. 모든 소품과 디테일이 콘셉트에 녹아 있을 때, 이용자는 그 공간 콘셉트를 생각조차 못 할 정도로 공간에 몰입합니다.

포인트 컬러를 활용하려면 한 가지 색으로, 전체 공간의 10% 정도를 채우면 좋습니다. 쿠션, 휴지통, 스툴, 의자, 조명 등에서 한두 개 소품을 채도가 강한 색으로 놓아두는 것이 정석입니다. 커튼, 블라인드처럼 넓은 면적을 차지하는 요소는 포인트 컬러가 아닌 기본 컬러(화이트, 베이지 등)를 사용하는 것이 시각적으로 편합니다.

포인트로 가장 많이 쓰이는 색은 주황색입니다. 주황색은 약간 섞어주는 것만으로 모던하고 세련된 느낌을 공간에 부여합니다. 특히 미드센츄리(Mid Century : 20세기 중반 미국풍의 인테리어 콘셉트) 또는 인더스트리얼(노출콘크리트나 파이프의 거친 느낌을 그대로 둬서 살리는 콘셉트)과 잘 어울리는 색이 주황입니다. 포인트 컬러는 다양한 색이 가능합니다. 노랑, 초록도 자주 쓰이는 컬러입니다. 레퍼런스를 찾아보면서 어울리는 톤을 찾으면 됩니다. 핵심은 한 가지 계열의 색만 쓰는 겁니다. 배색에 아주 자신 있지 않는 한, 색을 섞어 썼을 때 조잡한 느낌이 생길 확률이 큽니다. 인테리어는 사실 옷 입기와 아주 비슷합니다. 상하의는 기본 아이템으로 선택하되, 양말, 넥타이, 안경, 브로치 등에서 몇 가지 포인트를 주는 코디가 실패 확률이 낮습니다. 컬러 대신 패턴이나 질감으로 변주를 줄 수도 있습니다.

향과 소리도
디자인이다

눈에 보이지는 않지만 공간 이용자의 만족감에 큰 영향을 주는 두 가지 감각이 있습니다. 후각과 청각입니다.

향은 공간의 첫인상을 결정합니다. 문을 열었을 때 좋은 향이 나면, 그 공간을 좋은 공간으로 기억합니다. 반대로 향이 좋지 않으면 숙소의 첫 인상이 구겨집니다. 향을 디자인하는 가장 보편적인 비품은 디퓨저입니다. 오픈마켓에서 용량이 크고 리뷰가 좋은 제품을 선별해서 구매하시면 됩니다. 공간에 어울리는 디퓨저를 찾는 데에는 약간의 시행착오를 겪을 수 있습니다.

향을 가장 빠르게 퍼뜨리는 소품은 캔들워머입니다. 조명 열기로 향초를 녹여서 향을 발산하는 도구입니다. 집에 안 좋은 냄새가 베여 있다면 캔들워머를 활용해 보시기 바랍니다. 캔들워머는 간접조명 역할도 할 수 있어서, 공간의 분위기를 따뜻하게 만들기도 합니다. 그러나 캔들워머는 소진 속도가 빠른 편입니다. 부주의한 게스트가 초에 불을 붙일수도 있습니다.

침구나 수건의 향도 신경 써야 할 요소입니다. 건조가 충분히 되지 않아서 꿉꿉한 냄새가 날 경우 반드시 리뷰에 기록됩니다. 저는 패브릭 비품을 날씨와 관계없이 잘 말리기 위해 건조기와 제습기를 각각 구매하여 사용 중입니다.

공간에 안 좋은 냄새가 맴돈다면 하수구를 먼저 청소해 보아야 합니다. 화장실이나 싱크대 하수구에 음식물이나 찌꺼기가 고여서 냄새가 올라올 수 있습니다. 이때 가장 유용한 청소도구는 과탄산소다입니다. 다이소에서 구매 가능하며, 뜨거운 물과 함께 하수구에 부으면 굉장한 세척 효과가 있습니다. 과탄산소다는 섬유의 얼룩이나 혈흔을 지우는 데에도 쓰입니다.

청각은 블루투스 스피커 또는 스피커 기능을 대신할 TV 정도만 놓으면 만족시킬 수 있습니다. 여행지에서 듣는 음악은 기억에 오래 남습니다. 이 때문에 스피커는 게스트의 이용 빈도가 높은 가전 중 하나입니다. 디자인도 중요하지만, 고장이 덜 나고 조작이 쉬운 제품을 구입해야 합니다.

음악을 공간 브랜딩으로 접근하면, 호스트가 공간에 어울리는 플레이리스트를 짜서 QR코드 또는 메뉴판 형태로 숙소에 비치할 수 있습니다. 게스트가 들어오는 시점에 맞춰서 미리 음악을 틀어놓는 것도 방법입니다.

에어비앤비
인테리어의 본질

이 책을 지금까지 읽고도 인테리어가 어렵다고 느끼시는 분들이 있을 겁니다. 평소에 홈데코에 관심이 없으셨다면 처음부터 감각적인 공간을 만들기에는 무리가 있습니다. 인테리어 감각은 천천히 학습되며, 어느 정도는 타고나야 하기 때문입니다.

그런 분들에게는 인테리어에 대한 부담감을 크게 가지실 필요 없다고 말씀드리고 싶습니다. 에어비앤비는 누군가가 살기 위한 '집'을 빌려주는 비즈니스입니다. 집이란 먹고, 씻고, 자고, 쉬는 모든 행위가 일어나는 공간입니다. 그 행위들이 편하게 이루어질 수만 있다면, 장기적으로는 예약률이 우상향할 수밖에 없을 것입니다. 시각적으로는 눈길을 덜 끌더라도 집이 지닌 본질적인 기능에 충실하다면 그 숙소는 쉽게 망하지 않습니다.

따라서 처음 집을 꾸미실 때, 손님이 아닌 내가 여기서 산다면 어떤 가구를 어디에 둘지를 고민해 보시기 바랍니다. 내가 편한 집이면 내 집에 대신 머무는 사람도 편안함을 느낄 것입니다.

이미 살던 집을 에어비앤비 숙소로 전환하는 게 훨씬 쉬운 이유가 여기에 있습니다. 이미 살던 사람이 그 집을 편안하게 만들기 위해 수없이 고민하면서 세부적인 디테일을 잡아 왔기 때문입니다.

에어비앤비는 보는(See) 공간이기 이전에 살아가는(Living) 공간입니다. 누군가가 하루 또는 그 이상 머무는 동안 느끼는 편안함의 합계가 내 공간이 줄 수 있는 가치입니다. 시각적인 완성도는 이목을 끌기 위한 중요한 요소이긴 하지만, 인테리어의 본질은 아닙니다.

레퍼런스 체크는
틈틈이 할 것

숙소를 세팅하는 과정에서 다른 경쟁 숙소를 틈틈이 살펴야 합니다. 예약률이 높은 숙소의 서비스나 공간 구조를 따라 해보는 것도 좋은 방법입니다. 예약률이 낮은 숙소는 왜 잘되지 않는지 그 이유를 찾아보는 습관을 가져야 합니다.

창업을 하면서 레퍼런스(참조할 만한 경쟁 서비스)를 잘 살펴보지 않는 분들이 계십니다. 이미 잘나가는 경쟁자를 보면 괜히 위축되기 때문인 것 같습니다. 이런 감정은 무조건 이겨내야 합니다. 당장 내 주변에 어떤 숙소가 있는지, 어떤 가격으로 어떤 서비스를 제공하는지 보셔야 합니다. 그래야 내 서비스를 객관적으로 파악할 수 있습니다.

숙소를 살펴볼 때는 이미지와 가격뿐만 아니라 리뷰도 상세히 보면 좋습니다. 손님들이 어떤 부분을 마음에 들어 하는지, 반대로 어떤 요소에 불만을 느끼는지 리뷰를 보면 파악 가능합니다.

레퍼런스를 살피는 가장 좋은 방법은 그 숙소에 머물러 보는 것입니다. 좋은 에어비앤비 호스트가 되려면, 기회가 될 때마다 에어비앤비를 이용해 보는 것이 좋습니다. 체크인 과정, 숙소의 첫인상, 제공받는 비품, 잠자리의 편안함, 호스트의 배려 등 숙소에서 겪는 모든 과정에서 배울 게 있습니다. 만약 에어비앤비를 한 번도 이용해 보지 않으셨다면, 먼저 타인의 숙소를 한 번 이용해 보시기 바랍니다.

제 4 부

숙소 등록하기
(4주 차)

스마트폰 카메라로
숙소 촬영하기

공간이 준비되었다면 사진에 담을 차례입니다. 좋은 카메라가 있으면 좋지만, 가지고 계신 휴대폰으로 촬영해도 충분합니다. 저는 모든 공간 사진을 보급형 저가 휴대폰(아이폰 SE2)으로 촬영해서 업로드했습니다. 에어비앤비 어플이나 홈페이지에 올라가는 사진은 고화질을 요구하지 않습니다. 모바일로 봤을 때 깨지지 않을 정도의 해상도면 충분합니다.

　물론 약간의 보정은 필요합니다. 요즘은 대부분의 스마트폰이 자체 보정 시스템을 갖추고 있습니다. 밝기, 대비, 휘도, 그림자, 선명도 등 기본적인 보정 기능을 몇 번의 터치만으로 조정 가능합니다. 보정을 한 번도 안 해보신 분이라면, 과감하게 이 수치들을 조정하여 "사진의 느낌이 좋아질 때까지" 마음대로 만져 보시기 바랍니다. 어떤 규칙이나 이론이 있다고 생각하지 마시고, 오직 결과물의 뉘앙스만 생각하면서 과감하게 숫자를 조정하셔도 됩니다. 보정 전보다 후가 낫다면 어떤 과정을 거쳤든 좋은 작업입니다.

휴대폰으로 사진을 촬영하면 보정하기도 쉽고 촬영의 편의성도 좋지만, 결과물이 꽤 자연스럽게 나온다는 장점이 있습니다. 전문 사진가를 고용해 숙소를 촬영하면 아고다나 호텔스닷컴 등에 올라가는 사진처럼 뚜렷하고 명료하게 다듬어진 사진을 얻을 수 있습니다. 그런데 전문가가 촬영한 사진들은 실제 숙소가 주는 느낌보다 더 과장된 느낌을 전달하곤 합니다. 호텔을 예약하실 때 숙소가 사진과 다른 경험을 해보신 적 있으실 겁니다. '사진과 다르다'는 느낌은 숙소의 첫인상을 해칠 정도로 치명적인 감점 요소가 될 수 있습니다.

저도 숙소 운영 초기에 에어비앤비 공식 사진사를 고용해 숙소 사진을 촬영한 적 있습니다. 결과적으로는 그분이 찍은 사진들을 한 장도 사용하지 못했습니다. 기존에 제가 찍은 사진과 톤앤매너가 안 맞을 뿐더러,

사진 자체가 너무 또렷하고 상업적이라서 숙소의 감성과 맞지 않았기 때문입니다.

사진은 최대한 그 공간을 자연스럽고 정확하게 표현하는 데 초점을 맞추시기 바랍니다. 과장된 사진보다는 풋풋한 느낌이 신뢰감을 더할 수 있습니다. 너무 보정이 잘된 사진은 이용자로 하여금 무의식적으로 의심을 불러일으킵니다.

사진 배치는 고객이 가장 궁금해 하는 정보부터 앞에 두시면 됩니다. 침실, 식사 공간, 주방 또는 화장실, 건물 외관(엘리베이터 유무) 순서가 일반적입니다. 섬네일(메인 이미지)은 숙소에서 가장 특별한 공간(테라스, 뷰 등)이나 가장 예쁘게 나온 사진을 두시기 바랍니다. 고객의 기대, 궁금증을 불러일으키는 사진이 좋습니다. 클릭 수를 높이기 때문입니다.

질문이 없도록
상세하게 설명하기

숙소 설명 란에는 최대한 많은 정보를 일목요연하게 전달해야 합니다. 고객이 숙소에 관하여 메시지로 질문하지 않게 해야 합니다. 예를 들어, "에어컨 있나요?", "주차 가능하나요?", "침대 사이즈는 얼마인가요?" 같은 메시지에 일일이 답변하려면 굉장히 피곤합니다. 이를 방지하기 위해 저는 공간별로 어떤 비품이 있는지 상세하게 써 둡니다. 숙소 등록 시에 '편의시설' 탭에서 공간의 비품을 선택할 수 있긴 합니다. 그러나 숙소 본문 소개에 텍스트로 써주어야 게스트의 질문이 줄어듭니다.

　제가 운영하는 공간 중 한 곳을 예로 소개해 드리겠습니다. 가장 상단에 숙소를 대표하는 카피라이트 한

줄(도심 속 단독주택에서 고요한 휴식을 가져보세요.) 을 쓰고, 대표 장점을 몇 가지 나열했습니다. 그 아래에는 공간별로 갖춰져 있는 것들을 소개했습니다. 최하단에는 핵심 전달사항(주차, 체크인 및 체크아웃 등)을 작성하였습니다.

참고로, 숙소 등록을 하시면 에어비앤비 측 검토 과정을 거쳐 노출까지 1~2일 정도가 소요됩니다.

[요약]

- 도심 속 단독 주택에서 고요한 휴식을 가져보세요.
- 50인치 삼성UHD TV 넷플릭스
- LG 씨네빔
- 아늑한 복층 다락방, 조용한 주택가
- 미니 마당(파라솔, 원목테이블)
- 편의점, 스타벅스 3분/이마트 10분
- (즐길 거리) 경의선 숲길 10분, CGV 3분, ○○번화가 6분

[침실]

- 블루투스 스피커
- 퀸사이즈 침대(150×200㎝)

- 킹사이즈 이불(230×200㎝)/매회 살균세탁, 고온건조
  합니다.
- 빔프로젝터(넷플릭스, 유튜브 프리미엄)
- 접이식 간이 테이블

[복층]
- 티테이블
- 50인치 TV(넷플릭스, 유튜브 프리미엄)
- 에어컨(침실겸용)

[주방]
- 냉장고(냉동실)
- 전자레인지
- 와인오프너
- 2인 식기세트, 기본 조미료(소금, 설탕, 식용유 등)
- 냄비, 프라이팬, 조리도구
  *간단한 조리만 가능합니다. 고기/생선 등 구이 요리는
  삼가 부탁드립니다.

[욕실]

- 수건
- 드라이기
- 샴푸, 바디워시, 린스
- 폼클렌징
- 치약
- 세탁기(건조기 겸용)
- 동작인식 히터(동절기)

[마당]

- 원목 테이블
- 코스트코 파라솔

[주변시설/여가]

- CU 편의점(1분)
- CGV 신촌(3분)
- 스타벅스(3분)/투썸플레이스(1분)
- 이마트/창고형 노브랜드(10분)
- 서강대학교(7분)
- 경의선 숲길(10분)

[교통]

- 2호선 신촌역(5분)
- 2호선 이대역(9분)
- 경의중앙선 서강대역(12분)
- 경의중앙선 신촌기차역(12분)
- 주차 불가
- 인천국제공항 :

  공항버스 6002 → "Sinchon Station"(same with "Sinchon Ogeori, Subway Line 2 Sinchon station") 버스정류장 하차(60분)

  공항철도 이용 → 홍대입구역 하차, 2호선 환승 → 신촌역 하차(80분)

*기타 알아두어야 할 사항 *

[체크인/체크아웃]

- 체크인 15시/체크아웃 11시입니다.
- 레이트 체크아웃은 최대 1시간 연장 가능합니다. 비용은 30분당 5천 원입니다.
- 일반 호텔보다 넓은 공간을 제공하므로, 청소에 많은 시간이 소요됩니다. 체크인 시간을 지켜주시면 감사하겠습

니다.

- 청소는 입실 전 1회만 제공됩니다.(길게 묵으시더라도 청소비는 1회만 부과됩니다.)
- 이용하시는 기간 동안 호스트는 객실에 출입하지 않습니다.

[안내사항]

- 주차 불가합니다. 가까운 주차장(○○공영주차장)은 전일 요금제가 없으니 참조 부탁드립니다. 신촌, 홍대 인근은 주차가 매우 어려운 지역입니다.
- 계단을 오르내리기 불편하신 분들께는 숙소가 적합하지 않을 수 있습니다.(복층 구조)
- 실내 절대 금연입니다.
- 숙소 골목 진입부가 약간 경사로로 되어 있는 점 양해 부탁드립니다(약 30m 길이). 캐리어(Suitcase)를 이동시키는 데는 문제없습니다.
- 취소, 환불은 에어비앤비 앱 내 규정에 따라 처리됩니다.(결제 관련 문의는 에어비앤비 고객센터로 연락 부탁드리겠습니다.)

운영을 하시다가 자주 질문을 받는 것들이 있다면 숙소 설명에 추가하시기 바랍니다. 제 숙소 설명을 보시면 '이런 것까지 설명해 줘야 하나' 싶은 항목이 몇몇 있습니다. 가령 청소를 입실 전 1회만 제공한다는 사실 등입니다. 이는 실제로 자주 질문을 받아서 숙소 페이지에 설명을 추가했습니다.

숙소 설명은 자동으로 번역됩니다. 그런데 에어비앤비 영문 번역이 아주 정확하지는 않습니다. 영어로 잘 변환됐는지 확인하려면, 호스트 계정이 아닌 다른 계정으로 로그인해서 언어를 영어로 바꿔 보시면 됩니다. 이때 보이는 영어 설명을 찬찬히 훑어보시거나, 번역기로 다시 한글로 돌려보면 오역된 단어를 찾을 수 있습니다. 잘못 번역된 단어는 한글 띄어쓰기를 바꾸거나 다른 단어로 교체하다 보면 대개 수정됩니다.

숙소 매뉴얼
만들기

숙소에 체크인한 이후에도 고객은 반드시 궁금한 점들이 생깁니다. 앱 페이지에 적혀 있는 안내를 잘 읽지 않는 고객도 많습니다. 따라서 기본적인 안내를 책자 형태로 만들어주는 것이 좋습니다. 이 책자는 호텔 프런트의 고객 안내 같은 역할을 합니다.

　워드프로세서, 한글, 피피티, 일러스트레이터 등 다루기 편한 프로그램을 아무거나 이용해 매뉴얼을 만들어 인쇄해 두시기 바랍니다. 매뉴얼은 최소 한글, 영어 두 가지 언어로 만들어야 합니다. 영어 매뉴얼은 '네이버 파파고' 같은 번역 어플을 이용하면 손쉽게 만들 수 있습니다. 매뉴얼에는 다음의 내용이 담기면 좋습니다.

- 기본 정보(배달 주소, 와이파이 비밀번호, 체크인 및 체크아웃 시간, 흡연 금지 또는 소음 관련 주의사항 등)
- 체크아웃 절차(쓰레기 처리 방법 등. 만약 체크아웃 절차가 없다면, 별도 절차가 없다고 명시해 주면 좋습니다.)
- 전자기기 사용법(리모컨, 스피커 연결 등)
- 난방 및 온수 사용법(한국식 바닥 난방이 낯선 외국인들이 많습니다.)
- 기타 안내하고 싶은 내용

문서를 만들어본 경험이 없어도 괜찮습니다. 서툴게 나열하셔도 좋습니다. 없는 것보다는 무조건 낫습니다.

가격 책정의
두 기준

가격은 상대적인 기준과 절대적인 기준을 동시에 고려해야 합니다. 상대적인 기준은 주변 숙소에 의해 만들어집니다. 인근 호텔 숙소나 에어비앤비 숙소가 보통 얼마 정도에 운영되는지를 살피면 됩니다. 경쟁 숙소보다 공간이 조금 더 낫거나, 가격이 조금 더 저렴하면 손님을 선점할 수 있습니다.

절대적인 기준은 '내가 만약 손님이라면, 이 가격에 이용하면 만족할까?'라는 질문을 스스로에게 던지면서 가격을 정하는 방식입니다. 오직 손님의 만족에만 초점을 맞춘다면 주변 시세가 어떻든 내 기준에 의해 객관적으로 가격표를 붙일 수 있습니다. 바가지 판매가 만연한 관광지 시장에서, 나 혼자 합리적인 가격으로 물품을 판다면 주목받을 것입니다.

　가격 책정은 1박 기준 수수료, 청소비, 숙박비를 합친 최종 결제 금액으로 비교하시면 됩니다. 장기 숙박(최소 예약 기준을 3~5박 이상으로 기본설정)을 타깃으로 한다면 1박 숙박비를 낮추는 것도 좋은 방법입니다. 그러나 처음 오픈 단계에서는 1박 손님을 여러 번 받으면서 피드백을 거쳐 숙소를 다듬어나가는 것이 좋습니다.

　숙소가 불완전하다는 느낌이 들어서 오픈을 미루고 싶은 마음이 드신다면, 처음에는 가격을 조금 낮게 설정해서 시작하는 것도 좋습니다. 숙소가 불완전해도 가격이 싸면 손님들은 이해해 줍니다. 첫 오픈 숙소에 머물러준 특별함과 감사를 전하면서, 불편함이 없으셨는지 정중하게 물어보시기 바랍니다. 첫 손님을 받고 나면 두려움과 불확실성이 많이 사라집니다.

제 5 부

운영하기
(오픈 이후)

숙소 오픈은
시작일 뿐

운영은 에어비앤비 사업의 핵심입니다. 운영은 숙소 오픈 이후 호스트가 관여하는 모든 과정(청소, 요청 및 질문 응대, 이슈 대응 등)을 총칭합니다.

첫 손님을 받을 때까지의 노력(매물 구하기, 인테리어하기, 숙소 등록하기)은 사실 호스트의 노고이지 손님의 경험과는 무관합니다. 손님은 호스트가 얼마나 어렵게 에어비앤비 외국인관광 도시민박업 허가를 받았는지 알 수 없고, 알 필요도 없습니다. 사업자등록증은 세무서에 신청만 하면 나오는 단순한 종이 한 장에 불과합니다. 그런데 에어비앤비 숙박업은 개업까지의 절차가 고되다 보니 무게중심이 사업 준비에 쏠리게 됩니다. 오픈 이후에 다소 긴장이 풀려서 운영에는 최선을 다하지 않는 호스트들이 계십니다. 숙소만 열면 잘 되겠지 하는 안일함이 생기는 것입니다.

그러나 에어비앤비는 다른 자영업과 마찬가지로 경쟁이 존재합니다. 승자가 있고 패자가 있습니다. 인근 호텔, 모텔도 실질적 경쟁자가 됩니다. 불경기가 오거나 여행 수요가 줄기도 합니다. 시장 기복이 심할 때는 상위 몇 개 숙소만 예약을 채울 수 있을 정도로 경쟁이 거세지기도 합니다. 어렵게 연 숙소가 예약률이 시원치 않아서 몇 달 만에 양도자를 찾는 경우도 흔합니다.

경쟁에서 승리한 숙소도 영원하지 않습니다. 돈을 꾸준히 잘 버는 매장이 있으면, 그곳을 벤치마킹하거나 서비스를 조금 더 개선한 숙소가 근처에 생기기 마련입니다. 모방과 개선은 모든 업계의 서비스가 성장하는 원리입니다. 에어비앤비에는 앞으로 더 도전자들이 몰릴 것입니다. 비용 장벽이 낮고 개인 창업이 쉽기 때문입니다. 한국은 선진국 중에서 자영업자 비율이 매우 높은 편에 속합니다. 생존을 위한 경쟁이 심하고, 돈이 되는 업종에는 사람들이 빠르게 몰려드는 편입니다.

어려운 시장에서도 어떤 숙소는 살아남습니다. 꾸

준히 높은 평점을 유지하면서, 2~3개월 전부터 예약이 가득 찹니다. 물론 공간이나 인테리어가 좋아서 잘되는 것일 수도 있습니다. 그러나 같은 매물을 양도받고도 예전처럼 예약률이나 평점이 안 나오는 숙소도 많습니다. 한 건물에서 똑같은 구조의 호실인데 평점이 크게 갈리기도 합니다. 호스트의 운영 역량이 숙소의 평판을 좌우하기 때문입니다.

제5부에서는 제 운영 노하우를 소개하고자 합니다. 서울에서만 4년 동안 공간을 운영하면서 수십 개 국가에서 방문한 수천 명의 손님이 제 숙소와 파티룸을 이용했습니다. 계정 평점은 4.9에 수렴하며, 예약률은 90% 미만으로 떨어진 적이 없었습니다(숙소 예약률은 호스트 페이지에 자동으로 기록됩니다.) 제가 운영하는 파티룸 역시 예약률뿐만 아니라 재방문률도 높은 편이며, 아무런 후기 마케팅 없이 플랫폼에서 높은 평점을 유지하고 있습니다. 제가 공간의 퀄리티를 유지하려고 노력한 방식, 좋은 피드백을 받으려고 고객의 심리를 파고든 방법, 크고 작은 문제에 대처하는 법 등을 말씀 드리겠습니다.

리뷰로 성장한
플랫폼

운영을 잘한다는 것은 "좋은 리뷰를 꾸준히 받는다"는 것과 동의어입니다. 숙소 관리의 모든 것은 리뷰를 잘 받기 위해 하는 것입니다. 그만큼 리뷰는 중요합니다.

호스트는 에어비앤비라는 플랫폼에서 리뷰의 중요성을 먼저 이해해야 합니다. 물론 모든 플랫폼 비즈니스는 리뷰 시스템을 차용하고 있습니다. 배달의민족, 쿠팡, 네이버 플레이스 등에는 유저들이 남긴 별점이 수놓아져 있습니다. 그러나 에어비앤비만큼 리뷰를 본질적으로 활용하는 플랫폼은 드문 것 같습니다.

에어비앤비는 숙소 노출에 광고비를 쓸 수 없습니다. 외부 플랫폼(블로그, 유튜브 등)과 연계된 광고 효과도 거의 없습니다. 게스트는 숙소를 네이버나 유튜브에 검색하지 않습니다. 오직 플랫폼 내에서만 숙소를 비교하여 결정을 내립니다. 그때 참고하는 가장 중요한 지표가 리뷰입니다.

게다가 에어비앤비는 '리뷰 이벤트' 같은 대가성 리뷰를 철저히 금지하고 있습니다. 할인, 판촉 제공, 업체 간 상호 리뷰, 지인 리뷰 등을 메시지 모니터링을 통해 철저히 걸러냅니다. 초기 한두 번은 대가성 리뷰를 얻을 수 있겠지만, 배달의민족 리뷰 이벤트 가게들처럼 좋은 리뷰를 받는 시스템을 갖춰놓고 운영하기는 불가능합니다. 그러다 보니 플랫폼 내 리뷰 신뢰도가 아주 높은 편입니다. 게스트는 오직 에어비앤비 내 리뷰만 믿고 수십만 원을 결제합니다.

에어비앤비라는 플랫폼이 시가총액 100조 이상으로 성장한 것도 이 리뷰 시스템 덕분이라고 생각합니다. 서비스 만족도를 높이려면, 이용자가 좋은 숙소와 나쁜 숙소를 빠르고 정확하게 걸러낼 수 있어야 합니다. 나쁜 숙소가 광고비를 써서 상단에 노출되면 플랫폼 이용자의 만족도는 떨어질 것입니다. 그렇기 때문에 에어비앤비는 솔직하고 투명한 리뷰 시스템을 만들기 위해 노력했습니다. 부정적인 리뷰가 쌓인 숙소는 빠르게 퇴출되고, 좋은 리뷰가 쌓인 숙소는 노출을 선점합니다.

그런데 리뷰로만 사업의 명운을 결정하는 시스템은 부작용이 있습니다. 손님 기분에 따라서 소위 '별점 테러'를 당할 수도 있습니다. 이점 때문에 국내 타 플랫폼(여기어때 등)은 리뷰 블라인드 시스템을 두기도 합니다. 부당한 리뷰를 사업자가 가릴 수 있는 시스템입니다. 네이버 지도 등에서는 별점을 아예 안 보이게 하는 장치가 있습니다. 수억 원을 들여서 만든 매장이 리뷰에 의해 영업을 중단하게 되면, 업주에게는 그 손실이 너무 크게 다가가기 때문입니다. 에어비앤비는 리뷰가 좋지 않은 숙소를 도의적으로 봐주지 않습니다. 호스트의 생계보다는 게스트의 서비스 만족도가 우선인 플랫폼입니다.

숙소가 살아남는
최소 기준

에어비앤비 리뷰는 총점(전반적인 경험)과 6개의 세부 항목(세부 항목은 청결도, 정확도, 체크인, 의사소통, 위치, 가격 대비 만족도)으로 나누어져 있습니다. 모든 항목은 5점 만점입니다. 게스트는 1~5 중에 하나의 숫자(0.5단위 없음)를 선택합니다. 별점 이외에 정성적인 리뷰(줄글)를 추가로 남깁니다.

가장 중요한 값은 총점(전반적인 경험)입니다. 숙소 선택 페이지에 노출되는 숫자이기 때문입니다. 어떤 숙소의 별점이 4.8점이라면 그 숫자는 오직 총점을 의미합니다. 세부 6개 항목 역시 중요하지만, 이는 숙소의 특장점(청결한 숙소, 위치가 좋은 숙소 등)이나 결점

(체크인이 어려운 숙소)을 파악하는 참고 수단으로 작용할 뿐입니다. 세부 항목은 지나치게 낮은 값(3점 이하)을 지속적으로 받으면 문제가 될 수 있지만, 평범한 수준(4.6~4.9)이라면 크게 문제되지 않습니다.

　숙소가 살아남으려면 최소 총점 4.8점을 목표로 하는 것이 좋습니다. 4.8은 슈퍼호스트를 가르는 기준입니다. 운영 초반에는 모수(母數)가 적어서 4점 중반 내외로 숫자가 떨어질 수는 있지만, 장기적으로는 4.8 이상에 수렴하도록 해야 합니다. 4.8은 평가 5번 중 1번 꼴로 4점을 받고, 나머지는 모두 5점을 받을 때 산출되는 수치입니다. 즉 웬만하면 5점을 받는데, 특별한 경우(평가에 인색한 게스트, 호스트의 실수, 고장 또는 벌레출몰 등 돌발변수 발생)에 몇 번 4점을 받을 수도 있는 정도의 서비스가 만들어져야 하는 것입니다.

게스트의
부정 편향

게스트로부터 항상 5점을 이끌어내려면, 숙소에 결점이 없어야 합니다. 결점이란 게스트가 의식할 만한 수준의 뚜렷한 문제점을 뜻합니다. 추위, 더위(에어컨 고장), 청결(눈에 띄는 머리카락, 화장실 상태, 창틀, 식기, 화장실 등), 냄새(침구 또는 수건), 와이파이, 소음, 빛공해, 베개 높이, 조리 도구의 그을림, 어메니티(휴지, 컨디셔너) 부족 등 게스트 입장에서 결점으로 느낄수 있는 요소는 너무나 많습니다. 그중 한 가지라도 눈에 띈다면 십중팔구 리뷰에 기록됩니다.

　야속하지만 인간은 99가지 잘해 주는 것보다 1가지 실수나 잘못을 훨씬 크게 인식합니다. 왜냐하면 인간의 뇌가 부정적인 신호(위험, 불결, 손실, 불균형 등)에 더 예민하게 반응하기 때문입니다. 진화심리학에서는 이를 부정 편향이라고 부릅니다. 부정적인 신호를 포착하는 능력은 생존 가능성을 높이기 위한 인간의 본능입니다. 게스트도 사람이기 때문에 부정적인 요소를 부각해서 인식하는 것은 어쩔 수 없습니다. 호스트는 이를 받아들이고 숙소를 준비해야 합니다.

'(다 좋은데) 이 부분이 마음에 안 들었다'라는 평가는 숙소 리뷰에서 굉장히 흔하게 발견되는 문장입니다. 심지어 '다 좋은데'에 해당하는 설명은 아예 생략하고, 부정적으로 보이는 것만 쓰는 사람도 많습니다. 숙소의 장점은 당연하게 받아들이기 때문에 굳이 언급하지 않는 것입니다. 음식점에서 밥을 먹고 맛있으면 리뷰를 남기지 않지만, 어딘가 불만족스러운 부분이 발생하면 어김없이 리뷰를 남기는 경우를 떠올리시면 됩니다.

인간의 부정 편향을 극복하기 위해서는 숙소의 결점을 최대한 없애야 합니다. 이는 생각보다 어렵지 않습니다. 불안 요소를 한 번만 더 체크하면 됩니다. 위에서 말한 대부분의 결점들(청결, 더위, 냄새, 머리카락 등)은 신경을 기울이면 충분히 눈에 띄는 요소입니다.

신경써야 할 개수가 많을 뿐입니다.

저는 이 점 때문에 청소를 대부분 직접 하는 편입니다. 항상 첫 숙소를 오픈한 첫날처럼 꼼꼼한 시선으로 숙소를 구석구석 살핍니다. 수천 명의 게스트를 맞이했지만, 아직까지 청소를 마치고 나갈 때는 약간의 긴장감을 느낍니다. 산수 문제를 풀듯, 혹시나 실수한 게 없는지 검산하는 마음으로 숙소를 살펴봅니다. 청소를 제삼자에게 위임할 경우 이런 꼼꼼한 체크를 거스를 확률이 높습니다. 관리자가 한 번 더 체크하는 과정이 필요합니다.

호스트가 아무리 최선을 다해도 숙소에는 끊임없이 문제점이 발생합니다. 하수구 냄새, 날파리 번식, 게스트가 필수품으로 생각하는 비품의 부재(커피포트, 컨디셔너) 등 예상치 못한 문제가 생기기도 합니다. 숙소가 완전해질 때까지는 몇 번의 4점 리뷰를 감수해야 합니다. 이런 결점을 보완해 나가면서 5점에 가까워지게 됩니다.

숙소의 결점이
언급된다면

게스트가 숙소의 결점을 언급하면 곧바로 고쳐야 합니다. 게스트는 다이렉트 메시지, 공개 리뷰, 비공개 리뷰 등으로 불만을 얘기합니다. 게스트의 피드백은 숙소를 보완할 수 있는 기회입니다. 게스트 한 명의 입에서 나온 불만이지만, 다른 게스트 수백 명이 똑같이 느끼고 있을 가능성이 큽니다. 예컨대 "전기포트가 없어서 불편했다"는 리뷰가 한 번 나왔다면, 똑같은 리뷰가 다시 한 번 나올 가능성이 매우 높습니다. 일부 동남아권이나 중국 게스트는 전기포트를 생필품으로 여깁니다. 물이 깨끗하지 않은 국가에서는 액체를 끓여 마시는 차 문화가 체화되어 있습니다. 전기포트가 없다는 리뷰가 달리면, 그냥 전기포트를 사서 두는 편이 유리합니다. 만약 게스트가 숙박 중에 전기포트를 찾는 메시지를 보내면, 바로 쿠팡이나 이마트에서 사서 문 앞에 놓아주는 게 마음이 편하실 겁니다. 2~3만 원의 지출로 끝날 문제를 굳이 키울 필요 없습니다.

공개 리뷰에 숙소의 결점이 언급되면 반드시 공개 댓글로 대응하시기 바랍니다. 이때 한 번 단 댓글은 수정할 수 없기 때문에, 응답 전에 여러 번 문장을 다듬어야 합니다. 조치 내용을 명확하게 알려야 다음 예약할 게스트를 안심시킬 수 있습니다. 잠재 고객이 부정적 리뷰를 읽게 된다면 긍정적 리뷰보다 훨씬 크게 각인될 것입니다. 부정 편향에 의해 숙소의 결점으로 인식된 부분은 무의식에 강하게 저장됩니다. 실제 머무는 중에도 끊임없이 상기될 것입니다. 그렇기 때문에 '결점이 이미 해결됐다'는 긍정적 피드백을 바로 주입시켜야 합니다.

만약 오픈 초반에 4점 미만(1~3점)의 숫자가 총점에 찍힐 경우, 복구하는 데 상당한 시간이 걸릴 것입니다. 이때는 숙소를 지우고 다시 등록하는 편이 낫습니다. 다시 오픈할 때는 낮은 별점을 초래한 원인을 반드시 보완하시길 바랍니다.

5점 리뷰를
지속적으로 끌어내는 법

지금까지는 숙소의 결점으로 인해 4점을 받지 않기 위한 방법을 말씀드렸습니다. 이는 낮은 별점을 받을 리스크를 줄이는 방법일 뿐, 5점 리뷰를 지속적으로 끌어내는 방법은 아닙니다. 웬만한 게스트는 딱히 불편한 점이 없다면 리뷰를 남기지 않고 떠날 것입니다. 리뷰 작성은 생각보다 귀찮은 일입니다. 그리고 좋은 리뷰는 업주에게 큰 이익을 준다는 것을 손님도 알고 있습니다. 일반적인 손님은 무난한 숙박 경험에 굳이 인심을 써주지 않습니다.

그렇다면 어떻게 자연스럽게 5점 리뷰를 이끌어낼 수 있을까요? 답은 '감사(Thank you)'를 이끌어내는 데에 있습니다. 형식적인 인사말로 '감사합니다'를 교환하는 것이 아닙니다. 게스트가 진심으로 고마움을 느끼게 해야 합니다.

평범한 소비자로서 '감사'라는 감정은 받은 서비스가 지불한 가격보다 클 때 느낄 수 있습니다. 1박에 100만 원이 넘는 최고급 호텔에서 직원이 엘리베이터를 잡아주거나, 캐리어를 방까지 옮겨준다면 감사한 마음보다는 '역시'라는 생각이 들 것입니다. 그런데 5만 원짜리 모텔에서 직원이 짐을 옮겨준다면 기대 이상의 서비스를 받았기 때문에 감사하다는 마음이 듭니다.

게스트에게 '감사'를 느끼게 만드는 방법은 다음과 같습니다. 체크인(체크아웃) 시간 조정, 체크인 전후에 짐 보관, 여행지나 맛집 추천, 교통편 안내, 요청한 물품 지급(실내화, 추가 이불, 수건 등), 섬세한 비품(세제, 렌즈통, 머리끈) 지급 등입니다. 대부분은 게스트가 필요나 불편을 느낄 때, 호스트에게 메시지로 부탁하면 서비스를 제공합니다. 이런 요청을 흔쾌히 들어준다면 게스트는 호스트에 대한 감사를 느낄 것입니다.

게스트의 부탁을
기회로 여겨라

게스트가 기본 제공 범위를 넘는 '추가 서비스'를 요청할 때 불쾌함을 느끼는 호스트들이 있습니다. 체크인, 체크아웃 시간이 버젓이 적혀 있는데, 얼리 체크인을 당당하게 요청하는 게스트가 아니꼽게 느껴지기도 합니다. 그러나 이런 부탁을 기회로 삼는 것이 좋습니다. "오늘은 청소가 1시간 일찍 끝날 것 같아서, 1시간 일찍 체크인이 가능합니다"라고 메시지로 답해 주면 게스트는 반드시 고마워합니다. 실제로 외국인 게스트 3명 중 1명은 얼리 체크인을 요구할 것입니다. 이때마다 매번 스트레스를 느낄 바에야, 유연하게 서비스를 조정하면서 '감사'를 이끌어내는 편이 훨씬 낫습니다.

게스트의 부탁을 들어주는 게 무조건 좋은 이유는 몇 가지가 더 있습니다. 첫째, 게스트는 부탁을 할 때 대개 '당연하다'는 생각을 가지고 물어봅니다. 이전에 비슷한 서비스를 받아본 적 있거나, 이 정도는 호스트가 해주는 게 당연하다고 생각하면서 요청을 합니다. 따라서 호스트가 '거절'을 하면, 게스트는 존중받지 못하고 있다는 감정을 느끼게 됩니다. 무엇보다 '거절'을 하는 순간 게스트와 호스트 간에 분위기가 부정적으로 바뀌어버립니다. 따라서 거절은 하더라도 죄송한 마음을 담아서 아주 조심스럽게 해야 합니다.

　얼리 체크인을 거절할 때는 "정말 죄송하지만, 청소 업체의 일정 때문에 오늘은 얼리 체크인이 어려운데, 혹시라도 짐 보관이 필요하다면 맡아줄 수 있다"는 식으로 이유를 함께 언급하는 것이 좋습니다. 다른 부탁을 거절할 때도 마찬가지입니다. 불가피하게 거절하는 이유와 사과의 말을 전해야 합니다. 부탁에 대한 거절은 항상 조심스러워야 합니다. 그것이 아주 터무니없는 부탁일지라도요.

　"얼리 체크인은 숙소 규칙을 어기는 건데, 왜 호스트가 미안해 해야 하냐?"라고 반문할 수도 있습니다.

버젓이 체크인 시간이 적혀 있는데, 더 일찍 들어오겠다는 손님이 무례하게 느껴질 수 있습니다. 그러나 서비스를 요청하는 손님은 돈을 낸 사람으로서 마땅한 권리라고 생각하면서 요구를 합니다. 이런 손님을 교화시키려고 시도해서는 안 됩니다. 그냥 결대로 맞춰 주는 게 훨씬 리스크가 적습니다.

에어비앤비 비즈니스의 특징은 내가 특정 게스트에게 제공한 서비스의 범위를 다른 게스트가 모른다는 데 있습니다. 대부분의 경우 게스트 한 팀만 일대일로 상대하기 때문입니다. 식당의 경우 내가 특정 손님에게 계란프라이를 하나 서비스로 주면, 옆자리에 앉은 다른 손님에게도 똑같은 서비스를 제공해야 합니다. 손님이 차별을 느끼기 때문입니다. 그러나 에어비앤비는 리뷰에 남지 않는 한, 특정 손님과 있었던 일을 다른 손님이 알 수가 없습니다.

또한 내가 마주하는 손님을 시일 내애 또 마주할 확률은 거의 0%에 가깝습니다. 해외여행으로 한국을 들르는 횟수가 잦지 않고, 재방문 시에는 다른 숙소를 갈 확률도 높기 때문입니다. 내가 지금 상대하고 있는 진상 손님 역시 며칠 뒤면 떠나고, 다시는 얼굴을 볼 일이 없습니다. 손님과 기싸움을 할 바에야 그냥 기분을 맞춰 주시기 바랍니다. 감정이 상한 게스트의 보복 리뷰는 에어비앤비 숙소 영업의 가장 큰 리스크 중 하나입니다.

물론 도저히 들어줄 수 없는 부탁은 예약 전에 거절하는 것이 가장 좋습니다. 이때에도 죄송하다는 말과 함께, 이유를 같이 전달하시기 바랍니다. 몇몇 사례를 소개해 드립니다.

- 반려동물 출입 : 게스트 중에 알레르기가 있는 분들이 있어서 부득이 거절할 수밖에 없음.
- 인원수 추가 : 추가 침구 및 비품 준비가 어려우므로 부득이 거절할 수밖에 없음.
- 할인 : 다른 게스트와의 형평성 문제로 가격 인하 요청은 부득이 거절할 수밖에 없음.

사과는
돈으로 하는 것

호스트가 숙소를 정성껏 준비해도 돌발상황은 늘 발생합니다. 에어컨 고장, 보일러(온수) 고장, 해충 침입, 정전 등이 발생할 수 있습니다. 게스트가 숙박 중에 이런 클레임을 메시지로 보내면 적잖이 당황스러울 것입니다. 그러나 모든 서비스업에서 문제는 발생하며, 이는 보상으로 해결할 수 있습니다.

제 숙소는 주택이다 보니 1년에 한두 차례 정도 바퀴벌레가 침입하곤 합니다. 이때 저는 죄송하다는 말과 함께 숙박비 전액을 환불해 줍니다. 에어비앤비에는 게스트에게 돈을 지급하는 기능이 있습니다. 바퀴벌레로 인한 정신적 충격보다 숙박비 환불로 인한 기쁨이 더 크기 때문에 게스트는 웃으면서 숙소를 나갑니다. 리뷰 리스크도 줄어듭니다.

콘센트에 물이 들어가서 퇴실 시점에 숙소 전체의 전기가 나간 적 있습니다. 이때 저는 곧바로 숙박비 반액을 환불해 주었습니다. 머리를 못 말리고 나가는 불편함을 덮으려면, 적어도 반나절치 숙박비는 드려야 한다고 생각했기 때문입니다. 이 경우에도 게스트는 웃으면서 나갔습니다. 실제 리뷰는 "약간 문제가 생겼지만 호스트님이 잘 대응해 주셨다"면서 5점을 남겼습니다.

서비스업에서 사과는 돈으로 하는 것입니다. 가장 서비스가 좋다는 항공업계를 참고하시기 바랍니다. 만약 항공사의 실수로 출국이 반나절 지연된다면 손님은 어느 정도의 보상을 받아야 마땅할까요? '죄송하다'는 말로는 절대 넘어갈 수 없을 것입니다. 그러나 만약 항공사에서 지연 보상으로 편도 항공권 비용을 되돌려주겠다고 하면 그 손님은 기분이 어떨까요? 아마 늦은 출국으로 인한 불쾌함보다, 얻은 보상의 크기가 커서 오히려 기분이 좋을 것입니다. 이처럼 문제가 발생하는 상황에서도 손님을 기쁘게 만들 수 있습니다. 피해보다 보상이 크면 됩니다.

숙박업에서 가장 큰 보상이라고 해봤자 1박 숙박비 총액 정도입니다. 작은 문제가 생기더라도 기프티콘을 선물해 주거나 청소비 정도를 보상해 드리면 됩니다. 그러므로 문제 발생을 두려워하지 마시기 바랍니다. 문제는 반드시 발생하며, 그것을 해결하는 게 호스트의 역할입니다. 문제가 발생하면 반드시 그에 상응하는 보상을 해주는 것이 안전합니다. 감정이 상한 게스트는 숙소를 통째로 날려버릴 수 있습니다. 분이 풀릴 만큼 악의적인 리뷰를 쓰거나, 신고할 만한 건수를 찾아서 에어비앤비 측에 숙소 정지를 요청할 수도 있습니다.

진상 게스트
대처법

진상 게스트의 종류는 다양합니다. 인원수를 속이는 숙박, 지나친 객실 오염, 실내 흡연, 선 넘는 부탁을 반복하기, 체크아웃 시간 무시 등 사례가 많습니다.

진상 게스트를 마주했을 때 호스트가 취할 수 있는 가장 좋은 전략은 '불필요한 마찰을 일으키지 않기'입니다. 절대 훈계를 하거나 교화시키려고 해서는 안 됩니다. 진상 손님은 자신이 진상인 줄 모릅니다. 호스트는 아무리 노력해도 단기간에 그 손님의 행동을 바꿀수 없습니다. 이미 결과가 벌어진 뒤라면 더더욱 훈계는 무의미합니다. 진상 취급을 하면 오히려 리뷰에 나쁜 말을 남길 것입니다. 자신의 행동을 객관적으로 인식하지 못하는 사람은, 상대를 평가할 때도 객관적인 언어를 쓰지 않습니다.

어떤 악의가 있어서 내 사업장에 해를 끼치는 게 아닙니다. 그런 행동을 하는 데 아무런 문제의식이 없기 때문입니다. 다른 곳에 가서도 비슷한 해를 끼칠 것입니다. 그리고 이런 게스트는 주기적으로 마주할 수밖에 없습니다. 그러므로 진상 손님을 마주하면 당황하거나 감정적으로 동요하지 말고 '아, 올 때가 됐지'라고 당연하게 받아들이시는 편이 오히려 낫습니다.

실제로 금전적인 손실이 발생하면, 최대한 증거자료(메시지, 사진 등)를 확보하고 에어비앤비 측에 중재를 신청하면 됩니다. 에어커버(숙소 손실 보상 프로그램)를 통해 손실을 메울 수 있습니다. 감정적인 보상(사과 등)이 아닌 금전적인 보상만 챙기면 됩니다.

그럼에도 4점 리뷰가
나오는 이유

숙소를 최선의 상태로 유지하고, 손님을 진심으로 섬겨도 사실 4점 이하 리뷰는 발생할 수밖에 없습니다. 오랜 기간 운영하면, 아무리 좋은 숙소라도 별점이 5점에 수렴할 뿐 정확히 5.0이 되지는 못합니다. 숙소에 문제가 없어도 손님이 저평가 리뷰를 남기는 몇 가지 이유를 말씀드리겠습니다.

첫째, 가치는 상대적입니다. 예컨대, 숙소가 상권으로부터 떨어져 있으면 '조용하다'라며 높은 평가를 하는 사람이 있고, '시내로부터 멀다'며 낮은 평가를 주는 손님도 있습니다. 복층 공간을 보고 누군가는 '아늑하다'라고 평가하며, 다른 누군가는 '계단이 있어서 불편하다'라고 말합니다. 모든 사람을 만족시킬 수 없습니다. 전 세계에서 가장 성공한 영화인 '타이타닉'에도 1점 리뷰가 수없이 많이 달려 있습니다. 이런 리뷰를 보고 누구도 틀렸다고 할 수 없습니다. 사람마다 기준이 다르기 때문입니다.

둘째, 숙소의 평점이 높아질수록 손님의 기대치가 커집니다. 호스트가 세심하게 주의를 기울이면 별점이 4.9~5.0 수준으로 높아집니다. 점점 예약률이 높아지고, 예약이 힘들어지는 숙소가 됩니다. 수요가 공급을 초과하면서 3~4개월 전에 예약을 선점하는 고객도 생깁니다. 소위 '줄 서서 먹는 맛집'이 되는 셈입니다. 그러나 이런 맛집들은 생각보다 기대에 못 미치는 경우가 많습니다. '맛있긴 한데 2시간 줄 서서 먹을 정도는 아니다'라는 평가는 흔합니다. 에어비앤비 숙소도 마찬가지입니다. 평점이 높고, 예약이 어려운 숙소일수록 고객은 그에 준하는 서비스를 기대합니다. 그러나 숙소의 퀄리티는 일정하기 때문에 몇몇 고객은 '기대에 못 미친다'는 평가를 내릴 수밖에 없습니다. 저는 5점 리뷰가 계속 쌓이면 '슬슬 3~4점이 나올 때가 됐다'라고 마음의 준비를 합니다.

셋째, 애초에 별점 기준을 낮게 주는 사람들이 있습니다. 영화계에서 '짠 평점'으로 유명한 박평식 평론가는 4점을 최고점으로 삼고 평가합니다. 5점은 정말 뛰어난 걸작이 아니면 주지 않습니다. 웬만큼 괜찮은 영화도 3점을 주며, 1~2점 평가도 서슴지 않습니다. 고객 중에도 박평식 평론가 같은 분들이 계십니다. '인생 숙소'가 아니면 5점을 주지 않는 분들입니다. 이런 분들은 단지 평가 기준이 다를 뿐입니다.

이외에도 4점 이하 별점을 받게 되는 경우는 다양합니다. 손님이 일행과 싸우고 괜히 숙소에 분풀이를 할 수도 있습니다. 이런 불가항력적인 이유로 이따금 낮은 평가가 발생하더라도 초연하시길 바랍니다. 장기적으로는 숙소의 퀄리티에 걸맞은 평점에 수렴해 나갈 것입니다.

청소와
자동화

에어비앤비 숙소 운영의 주 업무는 청소입니다. 에어비앤비 숙소 운영을 한 발 떨어져서 보면, 고객이 어지럽히고 호스트가 치우는 작업을 무한히 반복하는 것처럼 보일 겁니다.

청소라는 행위 자체를 일이 아니라 가벼운 운동으로 생각하면 좋습니다. 실제로 1시간 30분 정도 청소를 하면 300칼로리 정도 소모된다는 통계자료가 있습니다. 1시간 자전거 타기와 맞먹는 운동량입니다. 청소 과정에서는 여러 가지 근육을 쓰기 때문에 몸이 골고루 건강해집니다. 또한 청소 중에는 회사 사무실에서처럼 나를 보는 지켜보는 사람이나 지시하는 사람이 없어서,

오직 혼자서 공간을 쏘다닙니다. 음악이나 팟캐스트를 들으며 일해도 상관이 없습니다. 이처럼 활동적이고 자유로운 일이 얼마나 있을까요.

하버드대 엘렌 랭어(Ellen J. Langer) 교수는 호텔 청소부를 대상으로 실제 운동 효과를 측정하는 실험을 했습니다. 이때 집단을 두 팀으로 나눴습니다. 청소를 훌륭한 운동으로 인식한 그룹과 구체적인 설명을 하지 않은 그룹으로 말입니다. 결과적으로 청소 활동이 신체에 유익한 작용을 한다고 인식한 그룹만 체중, 혈압, 체지방 등이 하락하였습니다. 이 실험에 따르면, 우리가 특정 일을 어떤 생각과 프레임으로 인식하는지에 따리 건강과 신체가 변하는 것을 알 수 있습니다. 청소라는 일을 즐겁고 유익한 일로 인식하면 건강까지 챙길 수 있습니다.

저는 청소 시간은 약 1시간 30분 정도 책정해 놓는 편입니다. 회사를 다니신다면 점심시간에 들러서 타이트하게 처리할 수 있는 양입니다. 에어비앤비 숙소 운영의 장점은 게스트의 체크인, 체크아웃 시간을 호스트의 재량으로 조정할 수 있다는 데 있습니다. 하루 중에 여유 있는 시간이 있다면 그 시간을 청소 시간으로 설정해도 좋습니다. 점심시간에 청소하는 것이 여의치 않으시다면, 퇴근 후에 숙소를 들러서 정리하는 방법도 있습니다. 이때, 체크아웃과 체크인이 같은 날 맞물리지 않도록 숙박 가능 날짜를 조절하는 작업이 필요합니다.

당근마켓이나 전문 업체를 통해 청소부를 고용해 위임하는 것도 방법입니다. 숙박료가 높거나(1박 15만 원 이상), 장기 숙박 위주여서 청소 횟수가 적은 경우 청소업체를 써도 마진을 남길 수 있습니다. 특정 업체를 자주 써서 신뢰가 쌓이기 전까지는, 청소 마무리 단계에 호스트가 한 번 더 체크하는 과정을 가져야 합니다. 아무리 꼼꼼하게 청소를 해도 빈틈은 생기기 때문입니다.

저는 에어비앤비 숙소의 완전한 자동화에는 회의적입니다. 집이란 것은 생물과 같아서, 끊임없이 크고 작은 문제들이 발생합니다. 곰팡이 발생, 벽지 손상, 화장실 신발에 끼는 때, 와이파이 끊김 등 매번 청소 시마다 예외 상황을 발견할 수 있습니다. 따라서 호스트가 최소 주 1회 정도는 방문해서, 숙소의 디테일을 체크해야 합니다. 지방이나 제주도에 있는 숙소를 서울에 살면서 운영하는 사례를 몇 번 본 적 있습니다. 대부분 숙소에 대한 게스트의 반응이 좋지 못했습니다.

확장 전략 :
첫 숙소를 성공시킨 뒤에는

숙소를 성공적으로 오픈해서 어엿한 에어비앤비 호스트로 자리 잡으면 새로운 고민을 마주하게 됩니다. 에어비앤비 숙박업은 매출이 기하급수적으로 증가할 수 없는 한계가 있습니다. 카페나 음식점은 경기에 따라 월 매출이 2배씩 증가하는 달도 있습니다. 그러나 에어비앤비 숙소는 하루에 판매 가능한 재고가 1개인 상품입니다. 아무리 초과 수요가 발생해도 매출 천장에 부딪힙니다.

그러면 많은 호스트들이 두 번째 숙소를 생각합니다. 그러나 1인당 1개의 사업장만 운영해야 하는 제약 때문에 확장이 여의치 않습니다. 가족의 명의를 빌리면 추가 숙소를 오픈할 수 있지만, 전입 유지 문제 때문에 사업의 지속가능성이 떨어집니다.

이 때문에 저는 파티룸과 단기임대로 사업을 우회하여 확장했습니다. 두 서비스 모두 에어비앤비 수준의 청결도와 친절함을 유지하니 지역에서 꽤 인기 있게 되었습니다.

즉, 첫째 확장 전략은 에어비앤비와 비슷한 형태의 공간대여 서비스업으로 우회하는 것입니다. 에어비앤비 호스트 경험을 쌓고 나면 파티룸 및 단기임대 호스트는 훨씬 수월하게 시작하실 수 있습니다. 운영 방식이 유사하기 때문입니다.

둘째 확장 전략은 좀 더 규모가 큰 숙박업 사업을 하는 것입니다. 호스텔, 게스트하우스, 모텔, 고시원 등이 그 예에 해당합니다. 각각 매물을 찾아서 매매 또는 임차로 사업을 새로 시작할 수 있습니다. 에어비앤비 숙박업에 비하면 자본이 꽤 많이 들어갑니다. 각 사업자별로 새로운 매뉴얼과 지침을 새로 공부해야 합니다. 그렇지만 에어비앤비 숙소 운영 경험을 살릴 수 있는 창업 아이템은 분명합니다. 아무런 경험 없이 중자본 숙박업을 시작하는 것보다, 소자본으로 에어비앤비 호스트를 거친 뒤에 이런 사업에 뛰어드는 편이 훨씬 성공률이 높을 것입니다.

그리고 숙박업이나 공간대여 쪽으로 나아가지 않더라도, 에어비앤비 숙소 운영 경험은 향후 어떤 일을 하시든지 많은 도움이 될 것입니다. 에어비앤비만큼 폭넓은 경험을 쌓게 해주는 서비스업 아이템은 드물다고 생각합니다. 고객이 숙소에 머무는 동안 꽤 많은 부분을 신경 써야 합니다. 말 그대로 먹고, 자고, 씻고 하는 라이프 스타일을 만족시켜야 하기 때문입니다. 가격 세팅, 품질관리, CS 응대, 원가관리 등 사업의 기본기도 자연스럽게 익힐 수 있습니다. 본인도 모르는 사이에 사업가로서 성장할 수 있는 것입니다.

조바심과 두려움을 버리고 나아가시기 바랍니다

2024년 말 기준 에어비앤비에 관심을 가지는 사람들이 부쩍 늘었다고 느낍니다. 2021년 코로나가 한창일 때 이 일을 시작한 이후로, 지금처럼 상담 요청이 많았던 적은 없었습니다. 모임에서 만난 지인, 옛 회사 동료, 오랜 친구들을 만나서 에어비앤비 이야기를 하면, 예전에는 관심을 안 가지던 사람들도 요즘에는 "어떻게 시작하는 거냐?", "벌이는 괜찮냐?"는 등 구체적인 질문을 던집니다. 어떻게든 '자신의 일'을 찾아야 하는 시대에, 막연하게 시도해 볼 만한 일로써 에어비앤비가 많은 사람들의 눈에 들어오는 듯합니다. 이런 분들을 만날 때마다 제가 이 일을 처음 시도할 때의 마음가짐이 떠오르곤 합니다.

새로운 일을 시작할 때 발목을 잡는 두 가지는 '조바심'과 '두려움'이라고 생각합니다. 조바심은 비교에서 비롯됩니다. 이미 성공한 타인의 삶, 상상하던 미래, 이루고자 하는 목표 등과 현재를 비교합니다. 비교를 통해 현재가 작아 보일수록, 무언가를 빨리 이루고 싶은 마음이 커집니다. 이러한 조바심은 실행하는 데 방해가 됩니다. 충분히 숙고해야 할 의사결정을 건너뛰게 하고, 과정에 초점을 맞추어야 할 순간에도 결과에 자꾸 눈을 돌리게 합니다. 그러나 결과는 늘 천천히 쌓이게 마련입니다. 처음 시작 단계에서는 결과가 미미해 보일 뿐입니다. 결과가 성에 안 차면, 일 자체가 재미없어집니다.

두려움은 부정적인 상상으로 만들어집니다. 일이 잘 풀리지 않았을 경우 펼쳐질 미래, 금전적인 압박, 막다른 길이 펼쳐지는 상황 등을 지레 머릿속에 떠올립니다. 부정적인 상상은 실천을 위축시킵니다. 뇌가 무의식중에 위험을 감지하고, 계속 안전한 곳에 머물도록 나 자신을 붙잡기 때문입니다.

저 역시 조바심과 두려움을 번갈아가며 느끼곤 했습니다. 퇴사 이후에 뭔가를 만들어내야 한다는 조바심, 가 보지 않은 길에 대한 막연한 불안, 좋은 결과가 나오지 않을 것 같다는 걱정을 마음속에 품었습니다. 그러나 어느 순간 이런 감정들이 불필요하다는 사실을 깨달았습니다. 머릿속에 온갖 생각이 떠올라도, 내가

할 수 있는 유일한 것은 지금 무엇을 할지 결정하는 것 뿐이라는 생각이 들었습니다. 저는 이것을 '현재 행동 주의'라고 부릅니다. 과거에 무슨 일을 했든 어떤 미래를 상상하든, 한 인간의 삶에 실질적인 영향을 주는 시점은 현재뿐이며, 현재 하는 행동만이 앞으로의 삶을 바꿉니다.

이런 생각을 가지고 에어비앤비 숙박업에 첫발을 디뎠습니다. 슈퍼호스트가 되거나 지금처럼 책을 쓸 거라는 상상은 전혀 하지 않았습니다. 단지 눈앞에 할 수 있는 작은 일들, 눈앞에 다가온 한 명의 손님만 생각했습니다. 상상의 범위를 좁히고 지금 이 순간 해야 할 일만 생각하는 것, 그것이 지금까지 성장해 온 저만의 방식이라고 생각합니다.

고작 몇 년 일찍 일을 시작한 사람으로서 여러분들에게 드릴 수 있는 조언은 이것뿐이라고 생각합니다. 조바심과 두려움을 떨쳐내시기 바랍니다. 설령 조바심과 두려움이 느껴지더라도 한 발자국 내딛기 바랍니다. 부자든 가난한 사람이든 실천할 수 있는 범위는 똑같습니다. 그저 한 걸음씩 나아가다 보면, 어느 순간 생각지도 못한 지점까지 와 있는 자신을 발견하게 될 것입니다.

에필로그

도움을 주신 분들

강유진
권지현
김난희
김보람
김선엽
김현수
도빈
문솔
박석무
배정옥
브루스
성지민
순토리
심퀴
안현섭
예림
이선우
이원재
이채호
조강래
조선희
민큰별
지소연
최숙
타로 리더 레터
터키바오
하진
JBird
oishioishi

4주 만에 준비하는 N잡러 가이드 3

에어비앤비 호스트 되는 법

1판 1쇄 인쇄 2025년 1월 5일
1판 1쇄 발행 2025년 1월 10일

지은이 조수현

펴낸이 이윤규
펴낸곳 유아이북스
출판등록 2012년 4월 2일
주소 서울시 용산구 효창원로 64길 6
전화 (02) 704-2521
팩스 (02) 715-3536
이메일 uibooks@uibooks.co.kr

ISBN 979-11-6322-160-9 (03320)
값 13,800원